D1943448

Imke Johannson • Kerstin Heß • acufactum

Lavendelsommer

Liebevolle Dekorationen selber machen

acufactum
ute menze

• SONDEREDITION •

Das Beste aus „Mit Herz“ und „Lust auf Lavendel“

Impressum

2. Auflage 2012 Sonderedition
Herausgeberin: Ute Menze

Verlag acufactum Ute Menze
Buchenstraße 11 • 58640 Iserlohn-Hennen
Tel.: 02304-5349 • Fax: 02304-5453
E-Mail: ute.menze@acufactum.de • Internet: www.acufactum.de

Styling und Fotografie: Imke Johannson, Kerstin Heß und acufactum
Stickereien nach Illustrationen von Kerstin Heß
Gedichte: Arndt H. Menze und Judith Menze
Idee, Gestaltung und Satz: acufactum, Iserlohn
Druck: Mohnmedia Mohndruck GmbH, Gütersloh
ISBN 978-3-940193-19-3

© 2012 acufactum Ute Menze
Das Werk einschließlich aller seiner Teile ist urheberrechtlich geschützt. Jede Verwertung außerhalb des Urhebergesetzes ist ohne Zustimmung des Verlages unzulässig und strafbar. Das gilt insbesondere für Vervielfältigungen, Übersetzungen, Mikroverfilmungen und die Einspeicherung und Verarbeitung in elektronischen Systemen. Es ist deshalb nicht gestattet, Abbildungen dieses Buches zu scannen, in PCs oder auf CDs zu speichern oder in Computern zu verändern oder einzeln oder zusammen mit anderen Bildvorlagen zu manipulieren, es sei denn mit schriftlicher Genehmigung des Verlages. Abweichende Farben können drucktechnisch bedingt sein. Jede gewerbliche Nutzung der Arbeiten und der Entwürfe ist nur mit Genehmigung vom Verlag gestattet. Bei der Anwendung in Beratungsgesprächen, im Unterricht und in Kursen ist auf dieses Buch hinzuweisen.

Wichtiger Hinweis
Die im Buch veröffentlichten Ratschläge wurden vom Verlag mit größter Sorgfalt erarbeitet und geprüft. Eine Garantie kann jedoch nicht übernommen werden. Ebenso ist eine Haftung des Verlages für Personen-, Sach- oder Vermögensschäden ausgeschlossen.

Bibliografische Information Deutsche Nationalbibliothek
Die Deutsche Nationalbibliothek verzeichnet diese Publikation in der Deutschen Nationalbibliografie; detaillierte bibliografische Daten sind im Internet über http://d-nb.de abrufbar.

Ein Duft
zum Träumen…

Lavendelsommer

Der Duft von Lavendel ist einfach unverwechselbar. Er beruhigt uns, erfrischt die Sinne und lässt uns ein wenig von Urlaub und Sommer träumen. Lavendelblüten vermitteln uns unwillkürlich mediterranes Flair und wirken in zarten Farben wohltuend für unsere Augen. Ton in Ton und mit zarten Akzenten versehen präsentieren wir Ihnen einen Sommer voller Lavendel.
Mit vielen schönen Dekorationen, Stickereien und Bastelideen möchten wir Sie einladen, unsere Kollektion in ihrer ganzen Detailvielfalt zu entdecken und aus dem Ideenreichtum Inspiration für die Gestaltung Ihres Heimes zu ziehen. Gemeinsam mit Imke Johannson und Kerstin Heß haben wir diese Anregungen für Sie entworfen und umgesetzt. Wir hoffen, dass dieses Buch die Freude widerspiegelt, die wir in der Vorbereitung hatten.

Wir grüßen Sie herzlich!

Ute Menze und Meike Menze-Stöter
acufactum

Echter Lavendel – Lavandula angustifolia

Im Ursprung wurde der Lavendel im westlichen Mittelmeerraum kultiviert. Besonders erinnert er an Südfrankreich, wo er auf großen Feldern gedeiht.
In unseren Gegenden wird er bevorzugt in Gärten angepflanzt, wo er duftet und hübsch anzusehen ist. An sonnigen Plätzen, wie im Beet, im Kübel oder im Kräutergarten macht er sich sehr gut. Sein Duft beruhigt und wirkt auf vielfältige Weise heilsam auf den Menschen.

Willkommen

Willkommen

Dieser gestickte Türkranz heißt alle Besucher herzlich Willkommen. Das mit Lavendelblüten bedruckte Leinenband wird mit feinen Kreuzstichen in diesen Gruß verwandelt. Der schöne Kranz und die Engelfigur ergänzen das Ensemble besonders schön. Anleitung Seite 74.

Guten Morgen

Ein entspanntes Frühstück mit der Familie oder mit Freunden lädt zu einem schönen Tag ein. Der mit Liebe dekorierte Tisch bietet einen perfekten Einstieg für schöne Stunden und lässt Genießer gerne länger verweilen. Ein kleines Geschenk für jeden verziert den Teller auf süße Weise. Die Praline im Organzabeutelchen ist das i-Tüpfelchen auf dieser Tafel. Es müssen nicht immer kostspielige und aufwändige Dekorationen sein, die uns begeistern. Hier sind alle Kreationen aus einem Päckchen Servietten „Lavender Birds" gestaltet.

Brotkörbchen

Aus einem quadratischen Stück gebleichtem Leinen, je nach Größe des Brotkorbs, nähen Sie ein Deckchen. Saumzugabe an jeder Seite ca. 3 cm. Die Seiten werden eingeschlagen und umgenäht (bei Leinenband mit fester Kante muss nur an zwei Seiten gesäumt werden). Mit den Herzen einer Serviette verzieren. Dafür die gewünschten Herzen aus der Serviette exakt ausschneiden und nur die obere Schicht mit Serviettenkleber für Stoff auf die eingepinselte Stelle des Leinens kleben. Nochmals mit Kleber das Motiv glattstreichen und nach Herstellerangabe bügeln.

Stimmungsvolles Licht

Zarte Windlichter

Die oberste Schicht einer Serviette wird mit der rechten Seite auf Vliesofix gebügelt. Papier vom Vliesofix abziehen und auf weißen Organzastoff aufbügeln. Je nach Größe des Glases setzt man Stoß an Stoß die Serviette aneinander. Auf die gewünschte Größe zurechtschneiden und mit lösungsmittelhaltigem Klebstoff zusammenkleben (eine Anleitung zur Serviettentechnik finden Sie auch auf Seite 72). Für die Schleife einen schmalen Streifen zurechtschneiden und diesen als Schleife gelegt mit Heißkleber und Lavendelzweigen gemäß Abbildung festkleben.

Porzellan zum Träumen

Die filigranen Motive von Kerstin Heß zieren die Porzellanserie „Lavender Birds". Jedes Stück für sich ist ein Highlight für den gedeckten Tisch. FINE BONE CHINA ist das hochwertige Material, aus dem das Porzellan hergestellt ist. Es zeichnet sich durch zarte Transparenz und enorme Gebrauchstüchtigkeit aus. Selbstverständlich ist das Porzellan spülmaschinen- und mikrowellenfest.

Frisch auf den Tisch...

Fantasievoller Läufer

Aus 34 cm breitem gebleichten Leinenband mit fester Kante einen Läufer in beliebiger Länge nähen. Saumzugabe ca. 3 cm. Die Seiten werden eingeschlagen und umgenäht. Gewünschte Motive aus einer Serviette exakt ausschneiden (auch der hellviolette Streifen ist aus einer Serviette „Lavender Birds“). Die zu beklebenden Stellen mit Serviettenkleber für Stoff bestreichen. Motive aufsetzen und nochmals mit Kleber glattstreichen und nach Herstellerangabe bügeln.

Lieblingsdecke

Hier passt einfach alles zusammen! Aber auch wer nicht alles passend hat, braucht nicht zu verzweifeln. Mit der selbstgestickten Decke holen wir auch zu schlichtem Porzellan den Sommer auf die Kaffeetafel. Der Musterrapport wirkt, wie hier an allen vier Seiten, aber auch nur an einer Stelle schön platziert.

Anleitung Seite 74.

Feines für den Tisch

Kleine Arrangements lassen unsere Herzen höher schlagen. Mit Liebe zum Detail ist hier eine individuelle Dekoration entstanden.

Schöne Kombination

Aus Walkstoff und bezaubernden Bändern sind diese schönen Glas- und Vasenmanschetten entstanden. Mit textilen Materialien lassen sich zu vielen Anlässen einfache Gläser hübsch gestalten.

Vasen und Kerzenlichter sind ständige Begleiter in unserer häuslichen Umgebung. Mit diesen Helfern schaffen wir ständig wechselnde Dekorationen und Stimmungen. Es macht Spaß, mit Farben, Blüten und Materialien zu spielen… Anleitung Seite 74.

Bilder mit Herz

Herz trifft Lavendel

Für diese zarte Liaison wird ein weißer Bilderrahmen mit 12fädigem ungebleichten Leinen und einem bestickten Herz (Stickmuster und Anleitung auf Seite 84) befüllt. Aus künstlichen Lavendelblüten wird ein Quadrat gebunden und mit Heißkleber auf den Rahmen geklebt.

Bilder zieren die Wände unseres Heimes und spiegeln oft das Wesen der Bewohner wider. Erinnerungsbilder, Urlaubsfotos, Gemälde oder Kunstdrucke mit verschiedensten Motiven erzählen dem Betrachter alte oder ganz neue Geschichten. Auch verspielte und dekorative Bilder lassen unseren Blick verweilen und beflügeln unsere Kreativität. Abgestimmt auf die Einrichtung des jeweiligen Raumes unterstreichen sie gekonnt seine Stimmung und sein Flair.

Galerie für Lieblingsbilder

Eine 2 bis 4 cm dicke Styropor-Platte mit einem scharfen Cutter sägend (dann werden die Kanten schön glatt und es bröselt nicht) auf 60 x 19 cm schneiden. Mit einem 34 cm breiten ungebleichten Leinenband mit fester Kante beziehen und auf der Rückseite mit doppelseitigem Klebeband fixieren. Fünf weiße Drahtornamente mit Schnecke mit Hilfe einer Drahtzange zu einem Herz biegen, deren unteres Ende gerade in die Styropor-Platte gesteckt wird (Biegevorlage auf Seite 78). Drei Karten mit Motiven des Geschenkpapiers „Lavendel" bekleben, ein Kränzchen aus künstlichem oder getrocknetem Lavendel binden, mit einer Schmuckschleife verzieren und dies gemeinsam mit zwei Holzherzen an den Drahtschnecken befestigen.

Kleine Herzen ganz groß

Zart verzierte Leinenherzen

Mit Nadel und Faden werden diese kleinen Duftherzchen genäht und entfalten ein herrliches Aroma. Als kleines Mitbringsel oder nur für Sie selbst hübsch arrangiert in einem Körbchen, verbreiten diese Herzen ein liebevolles Ambiente. Färben Sie altes Leinen aus Omas Tisch- oder Bettwäsche violett ein, indem Sie die Farben Rot und Blau mischen, und schneiden Sie daraus verschiedene Herzen aus. Die Herzen werden laut Nähanleitung (siehe unten) gefertigt. Gefüllt werden die Herzen mit Füllwatte, die mit einigen Tropfen Lavendel-Duftöl beträufelt wird. Die fertig genähten Herzen mit unterschiedlichen kleinen Schleifchen und Lavendelblüten verzieren.

Für die Bilder mit bestickten Herzen einen 23 x 23 cm großen Keilrahmen mit 12fädigem Leinenstoff beziehen. Die Herzvorlage (siehe Seite 84) auf das gebleichte 12fädige Leinen übertragen und die Stickerei passend platzieren (Stickmuster auf Seite 84). Herzform einmal mit Stickerei und einmal ohne mit 1 cm Nahtzugabe ausschneiden, an der Linie zusammennähen und eine kleine Öffnung zum Wenden lassen. Die Nahtzugaben an der Spitze und den Ecken einschneiden und wenden. Das Herz mit Füllwatte ausfüllen und die Öffnung mit der Hand zunähen. Das Herz wird mittig auf den Keilrahmen mit Klettband oder einem Tropfen Heißkleber befestigt.

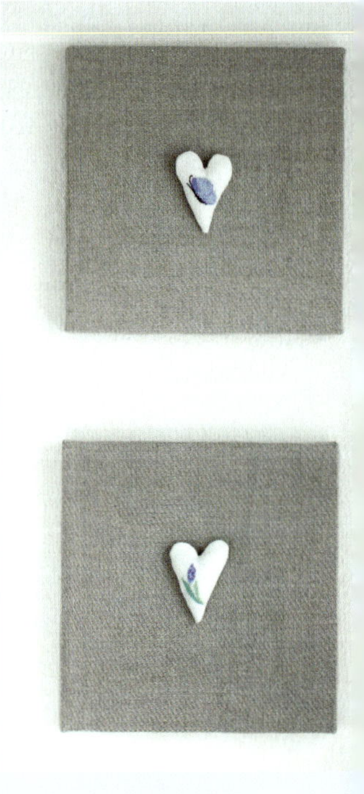

Zauberhafte Banderolen

Mit Bändern spielen

Auf diesen Stoffbanderolen kann man Lieblingsbänder nach Lust und Laune miteinander kombinieren.
Rüschenbänder, Zackenlitzen und Motivbänder sind in Kombination mit Walkstoff zu diesen Banderolen verarbeitet worden. Harmonische Farbkombinationen haben ihren besonderen Reiz, wie hier an der grau-violetten und natur-violetten Gestaltung zu sehen ist. So werden aus alten Dosen und Übertöpfen wahre Schönheiten. Anleitung Seite 74.

Wenn Sticken zur Leidenschaft wird

Mit feinen Stichen und genau ausgezählt entsteht dieses kleine Kunstwerk. Wer meint, er könne dies zwischen Mittag und Abend erledigt haben, irrt. Hier sind Zeit und Ausdauer gefragt. Mit viel Liebe fürs Detail ist dieses Motiv nach Illustrationen von Kerstin Heß in Stickschrift umgesetzt worden. Kreuzstich, Knötchen und Steppstich tanzen fröhlich auf edlem Leinen und verbreiten stilvolles Sommerambiente.

Bild „Lavendel“

Die ca. 17 x 11,5 cm große Stickerei wird auf 12fädiges gebleichtes Leinen gestickt. Die Anleitung finden Sie auf Seite 74/75. Bevor Sie die fertige Stickerei einrahmen, wird sie, wenn nötig, gewaschen und von links auf weichem Untergrund glattgebügelt. Zum Rahmen die glatte Stickerei am besten auf eine Kaschierfolienpappe (einseitig klebend) legen und fadengerade ziehen.

Lavendelherz

Das zarte Herz ist genau auf die Stickerei abgestimmt und wird aus künstlichem Schleierkraut und zartem Grün auf einen Drahtring gebunden und in Herzform gebogen. Die drei Lavendelzweige werden mit einer kleinen Satinschleife mit Heißkleber auf das fertige Herz geklebt.

auf der Suche nach dem
großen Glück

GLÜCK

auf der Suche
nach dem großen Glück
werde ich doch immer wieder
von ihm selbst gefunden

begegnet es mir
plötzlich
oftmals unter der Maske des Geringen
des Alltäglichen

heute morgen war es da
in deinem Lächeln
gestern abend
als der Kleine seinen Kopf an meine Schulter legte

da trifft es mich wie ein Sonnenstrahl
direkt ins Herz
ganz warm
ganz hell

da begegnet mir das große Glück
unverfügbar
unverdient
als Geschenk

Arndt H. Menze

Lavendelmuffins

Zutaten:

- 100 g weiche Butter
- 75 g Zucker
- 3 Eier
- ausgeschabtes Mark einer Vanilleschote oder 1 Päckchen Bourbon Vanillezucker
- 150 g Mehl
- 2 TL Backpulver
- 1/2 TL Salz
- 1 1/2 EL frische oder 1 knapper EL getrocknete Lavendelblüten

Zum Verzieren:

- 1 Eiweiß
- 200 g Puderzucker
- 3-4 EL Zitronensaft

Die Muffinform mit Papierbackförmchen auslegen, Butter schaumig rühren und nacheinander Zucker, Eier und Vanillemark unterrühren. Mehl mit Backpulver und Salz vermischen und mit den Lavendelblüten unterrühren. Den Teig löffelweise in die Förmchen verteilen. Nicht mehr als 3/4 befüllen. Form im vorgeheizten Backofen bei 180 Grad ca. 20 Minuten backen.

Tipp: Wenn die Oberfläche für das Verzieren schön glatt und gewölbt sein soll, müssen die Muffins beim Backen beobachtet werden und sobald sich Risse bilden, diese mit einem Esslöffel wieder schön andrücken. Dies muss so lange wiederholt werden, bis die Muffins nicht mehr aufreißen.

Verzierung: Ein Eiweiß steif schlagen und mit Puderzucker und Zitronensaft verrühren. Geben Sie beliebig viel Puderzucker und Zitronensaft hinzu. Für eine Färbung des Gusses können Sie Lebensmittelfarbe aus der Apotheke hinzugeben.

Spritztüte selbst gemacht!

Ein DIN-A4-Blatt mit einseitig klebender Folie bekleben und glattstreichen. Das Blatt mit der Folienseite nach innen zu einer spitzen Tüte oder einem Trichter rollen und mit Tesafilm zusammenkleben. Achten Sie darauf, dass keine Öffnung an der Spitze bleibt. Verkleben Sie das Ende und die Kanten nochmals gut mit Tesafilm. Jetzt die Tüte mit dem Guss befüllen und oben so lange zufalten, bis die Tüte schön prall ist. Jetzt können Sie die untere Spitze abschneiden, aber nur wenig, damit ein feiner Zuckergussstrich entsteht.

Lavendel köstlich

Weinflasche mit Kräuterbouquet

Ein besonderer Küchenschmuck und ein köstliches Geschenk ist diese Weinflasche mit Kräuterbouquet. Frischer Rosmarin, Lavendel, Weinraute und Knoblauch duften nicht nur würzig fein, sie sehen auch besonders hübsch aus. Die Kräuter-Köche unter Ihnen haben bei diesem Anblick bestimmt schon eine Idee für ein neues Rezept.

Lavendel-Limonade (für 6-8 Personen)

- 1 x 625 ml Wasser/ 1 x 500 ml Wasser
- 6 Lavendelblütenzweige
- 1 Tasse frische Lavendelblätter gehackt
- 300 g Zucker
- 150 ml frisch gepressten, durchgesiebten Zitronensaft

Kochen Sie zunächst 625 ml Wasser und 300 g Zucker, bis sich dieser aufgelöst hat. Geben Sie den Lavendel hinzu und nehmen Sie den Topf vom Herd. Flüssigkeit erkalten lassen und durch ein Sieb abseihen. Gießen Sie nun die Flüssigkeit in eine Karaffe und geben Sie 500 ml Wasser und den Zitronensaft hinzu. Falls erwünscht, mengen Sie noch ca. 125 g Zucker hinzu. Die Limonade wird gut gekühlt und nach Belieben mit Eiswürfeln serviert. Falls Sie keinen frischen Lavendel zur Hand haben, können Sie auch getrocknete Lavendelblüten nehmen. Sie benötigen etwa 20 g.

Für das Etikett werden Motive aus dem Geschenkpapier „Lavendel“ ausgeschnitten und auf weißen Karton geklebt.

Träumen

Wunderschöne Aussichten

Mit dieser selbstgenähten und bestickten Scheibengardine schaffen wir uns schöne Aussichten. Auch wenn der Blick aus dem Fenster einmal trübe Tage beschert. Mit diesen zauberhaften Sommermädchen, die schon auf das Leinenband gedruckt sind, gelingt dies bestimmt. Anleitung Seite 75.

Tischlein deck dich

Mit schönen Gartenmotiven bestickt eignet sich das Motiv der Scheibengardine auch für einen schönen Tischläufer. Mediterranes Flair verbreiten die aufgedruckten Sommermädchen so auf ganz charmante Weise. Mit Buchsbäumen und Lavendelblüten, Gießkanne und Kränzchen machen sie Lust auf eine schöne Sommerzeit und gemütliche Stunden im Garten mit erfrischender Lavendellimonade. Anleitung Seite 75.

Tafel-Chic

Ausgehkleid für Karaffen

Mit ein paar Handgriffen wird aus einer einfachen Glaskaraffe und ein paar Gläsern eine Augenweide für einen gemütlichen Sommernachmittag oder einen lauschigen Sommerabend mit einem guten Glas Wein.

Nähen Sie aus dem 28 cm breiten bedruckten Leinenband „Lavendelranke“ mit fester Kante einen Schlauch, der um eine Karaffe passt. Diesen Schlauch lose über die Karaffe stülpen und mit dem passenden Schmuckwebband „Lavendelranke“ am Hals zusammenraffen. Zur Verzierung noch einen Ast künstlichen Lavendel mit in die Schleife einbinden.

Mein Glas - dein Glas

Oft weiß man nach einigen Standortwechseln nicht mehr so genau, welches Glas das eigene war. Mit Hilfe dieser schmucken Bänder in unterschiedlichen Farben verliert man nicht ganz so schnell die Orientierung und hat zudem noch einen dekorativen Blickfang auf dem Tisch.

In meiner Küche

Die Küche ist meist das Zentrum des Hauses oder der Wohnung. Es dürfen Ordnung und Funktionalität herrschen, aber bitte gepaart mit viel Flair und Ambiente. Sie ist ein Ort, an den wir viele Erinnerungen an die eigene Kindheit knüpfen. Ob es Eindrücke von der Mutter oder der Großmutter sind, meist lassen sie noch ahnen, wie es duftete oder was in den einzelnen Behältnissen im Schrank oder auf dem Regal war. Von diesen Gefühlen geleitet, gestalten sich Küchen fast von selbst und es bedarf nur noch einzelner Ideen und Anregungen, den eigenen Küchentraum zu verwirklichen.

Lavendelbeutel schaffen Ordnung

Ein Stück von 45 cm vom 28 cm breiten bedruckten Leinenband „Lavendelranke“ an den Seiten rechts auf rechts zusammennähen. Genauso die unteren Kanten zusammennähen. An den Ecken die untere Naht und die Seitennaht bzw. -kante aufeinander legen. 5 cm von der Ecke entfernt senkrecht zu den aufeinander gelegten Nähten eine weitere Naht ziehen. Den Beutel umkrempeln und die obere Kante einschlagen.

Fensterplätze

Heiß begehrt sind diese Plätze in der vorderen Reihe. Von außen lassen sie einen ersten Eindruck vom Innenleben der Wohnung erahnen. Liebevoll auf das Flair des jeweiligen Zimmers abgestimmte Details runden die Raumgestaltung perfekt ab. Da sind die Aussichten auch bei schlechtem Wetter nicht mehr trüb!

Drei für alle Fälle

Dieses schöne Trio hat sich den Fensterplatz verdient. Frisch und fröhlich in den Farben verbreitet es sonnige Laune. Befüllen Sie die drei nach Belieben mit Ranunkeln oder Küchenkräutern wie Rosmarin und Basilikum. Wer ein passendes leeres Marmeladenglas hat, kann den Übertopf auch als Vase nutzen und Schnittblumen darin arrangieren. Natürlich lassen sich auch andere Dinge hübsch darin aufbewahren: Buntstifte, Bastelschere und Lineal bleiben so immer griffbereit.

Für unser Trio benötigen Sie drei weiß lackierte Konservendosen oder fertige Metallübertöpfe. Schneiden Sie nach Wunsch die Motive von diversen Servietten aus. Die gewünschte Stelle der Dose mit Serviettentechnik-Kleber bepinseln und nur die oberste Schicht der Serviette darauf kleben. Mit dem Kleber glattstreichen.

Blüten-pracht

Lavendelgestecke

Arrangieren Sie Lavendelzweige in einem Gefäß. An ein Drahtornament ein Metallherz hängen und mit einer Schleife aus dem Schmuckwebband „Lavendelranke“ versehen.

Ein weißes Metalltütchen mit Seidenpapier auslegen und mit Lavendelrispen füllen. Schmuckwebband „Lavendelranke“ durch die Ösen ziehen und aufhängen.

Ein Platz an der Sonne

Herziger Blumenstecker

Übertragen Sie die Herzvorlage auf das gebleichte 12fädige Leinen und platzieren Sie die Stickerei passend (Schablone und Stickmuster auf Seite 84). Schneiden Sie die Herzform einmal mit Stickerei und einmal lose mit 1 cm Nahtzugabe aus. Nun an der Linie zusammennähen und eine kleine Öffnung zum Wenden lassen. Die Nahtzugaben an Spitze und Ecken einschneiden und wenden. Das Herz mit Füllwatte ausfüllen und die Öffnung mit der Hand zunähen. Eine Schlaufe aus drei Sorten Bändern (Organza hellblau und creme sowie Dekoleinenband) mit Dekodraht zusammendrehen und an ein Drahtornament mit Schnecke binden, an dessen Ende Sie eine Dekoperle mit Heißkleber befestigen. Das fertige Herz ebenfalls mit einem Punkt Heißkleber befestigen.

Ein Kuchen zum Verlieben

In der schönen Herz-Backform wird jeder Kuchen zu einer Liebeserklärung! Mit Puderzucker und Blütenverzierung wird der Schoko-Mandel-Nusskuchen zu einem Lavendeltraum!

Zutaten:

- 200 g Butter
- 200 g Zucker
- 6 Eier
- 200 g Blockschokolade geraspelt
- 200 g Mandeln
- 200 g Nüsse
- 1 TL Backpulver

Zum Verzieren:

- Puderzucker und frische Lavendelblüten

Stellen Sie aus den Zutaten einen Rührteig her. Der Kuchen wird bei 180 bis 200 Grad goldbraun gebacken. Den Kuchen zum Abkühlen in der Form lassen und mit Puderzucker und den frischen Lavendelblüten verzieren. Mit einer Schleife und einer Rose wird dieser Kuchen zu einem schönen Geschenk für eine sommerliche Einladung.

Lavendel & Olive

Holen Sie sich den Sommer und ein Stückchen Urlaub in Ihr Zuhause. Mit Lavendelpflanzen und Olivenbäumchen verbreiten Sie mediterranes Flair. Die Blumen sind hier in verschiedenen Zinkgefäßen arrangiert und mit unterschiedlichen Windlichtern ergänzt. Stellen Sie die Kerzen einfach in die Gläser oder geben Sie noch farblich passenden Sand hinzu, damit sich die Kerzen leicht und sauber austauschen lassen. Weiße Kieselsteine und Lavendelblüten sind hübsche Begleiter der Kerzen. Harmonisch ist dieses Stillleben durch die abgestimmte Farbwahl. Violett, Grün, Weiß und Zink lassen die unterschiedlichen Formen und Größen der Einzelteile zu einem schönen Ganzen werden. Trauen Sie sich ruhig und sammeln Sie sich aus dem Haushalt verschiedene Gläserformen, Einmachgläser und Schalen zusammen, die Sie auf diese Weise dekorieren.

Für dieses schöne Ensemble findet sich so manches Plätzchen in Ihrem Heim. Wohnzimmer und Küche eignen sich hervorragend, aber auch der Garten lässt Platz für diese Gruppe. Mit etwas Pflege können Sie das hübsche Arrangement den ganzen Sommer über auf Ihrer Terrassse oder Ihrem Balkon genießen.

Ausgehfein

Für Detailverliebte

Frau von Welt geht nicht ohne passendes Handytäschchen aus dem Hause. Deshalb stellen wir Ihnen hier zwei Variationen vor. Die geheimnisvolle Handytasche und das Täschchen mit Durchblick! Mit diesen hübschen Accessoires sind sie freudige Hingucker. Anleitung Seite 75.

Schlüsselbänder zum Verlieben

Unvergesslich

Diese schöne Farbkombination fällt gleich ins Auge und so lässt sich dieses hübsche Schlüsselband fast nicht übersehen!

Anhänglich

Nähen Sie Borten und Bänder auf das Filzband und schlagen Sie oben und unten kleine Ösen durch den Filz. Ziehen Sie einen Schlüsselring des Karabiner-Haken durch die Ösen, so dass das Band eine Lasche bildet. So lässt sich der Schlüssel einfach an einen Haken hängen.

Einladung zum Tee

Wenn Sie Ihre Gäste auch gerne mit kleinen liebevollen Dekorationen erfreuen, ist dies hier genau das Richtige für Sie! Diese schöne Dekoration lässt einem das Herz übergehen. Dass diese Plätzchen Kerstin Heß gebacken hat, sieht man auf den ersten Blick. So zart und detailverliebt wie ihre Illustrationen hat sie hier die Gebäckschildchen gestaltet. Aus einfachen Teeplätzchen werden kleine Kunstwerke, die um eine Serviette gebunden jedem Platz seine persönliche Note geben oder als Geschenkanhänger ihren großen Auftritt haben.

Zutaten:

- 180 g Butter
- 300 g Mehl
- 180 g Zucker
- 1 Ei
- 1 Eigelb
- 1 TL Backpulver
- 1 Päckchen Vanillezucker
- abgeriebene Schale von einer Zitrone

Geben Sie die Zutaten nacheinander in eine Schüssel und verkneten Sie sie zu einem Teig. Rollen Sie den Teig so dick aus, wie die Schildchen werden sollen, und teilen Sie ihn mit einem Messer in ca. 3 x 7,5 cm große Rechtecke. Mit einem Strohhalm werden seitlich die Löcher gestochen. Nach dem Backen werden die Löcher mit einem spitzen Gegenstand neu gestochen. Backen Sie die Schildchen nun im vorgeheizten Ofen auf 180 bis 200 Grad, bis sie goldbraun sind. Zum Verzieren rühren Sie reichlich Zuckerguss an, den Sie in mehrere Teile aufteilen und unterschiedlich mit Lebensmittelfarbe einfärben.

Kerstin Heß hat hier mit drei Tönen gearbeitet: Weiß, Violett und Hellviolett. Die Violett-Töne hat sie aus Rot und Blau gemischt. Bestreichen Sie die fertig gebackenen Schildchen mit einem Messer mit dem Guss und verzieren Sie sie mit frischen Lavendelblüten und Schrift.

Kleinkunst

Wie kleine Kunstwerke wirken die bestickten Bänder, mit denen die Gläser filigran verziert werden.

Lavendelbänder

Für ein Band benötigen Sie 12fädiges ungebleichtes Leinenband, 2 cm breit, 15 cm lang, das Sie am Ende mit „Zick-Zack"-Stichen vernähen (Stickmuster auf Seite 84). Die unbestickte Seite 1,5 cm einschlagen und festnähen. So entsteht eine Schlaufe, die Sie durch die abgetrennte Schnecke eines Ornamentstabes ziehen.

Lavendelschachtel

Zur Aufbewahrung kleiner Schätze oder zum Verschenken unserer Miniatur-Kunstwerke bekleben Sie eine Schachtel mit dem Geschenkpapier „Lavendel" oder falten diese direkt aus dem Papier zusammen. Sie können auch die Motive von Seite 98/99 als Kopiervorlage verwenden.

Schöne Geschenke

Mit zarten Organzaschleifen und einigen Lavendelblüten sind diese Geschenke fast zu schön, um ausgepackt zu werden.

Home sweet home

Schmucke Häuser

Bestickte Bänder sind schöne Banderolen für die rustikalen Holzhäuser. Sie werden einfach mit Heißkleber am Holz befestigt. Anleitung Seite 76.

Mustertuch

Vielerlei zusammengefügt

Mustertücher sind noch aus alten Tagen bekannt. In Klöstern und Schulen dienten sie als Übungswerkstück für die Schülerinnen. Heute schmücken wir gerne unsere Wände damit und lassen uns vom Reiz der Kombination begeistern. Anleitung Seite 76.

Für Häuslebauer

Für die Holzhäuser übertragen Sie die Hausschablonen von Seite 100 auf 1,5 cm dickes Holz und sägen mit Hilfe einer Stichsäge der Kontur nach aus. Unregelmäßigkeiten werden mit Schmirgelpapier beseitigt. Dann einfach das Holz mit weißer Holzlasur streichen.

Edles für den Tisch

Entdecken Sie die Vielseitigkeit der Serviettentechnik, mit der sich passend zur Porzellanserie „Lavender Birds" kunstvolle Servietten, Sets und Läufer selber machen lassen.

Leinenservietten

Auf den hier gezeigten Leinenservietten sind die Motive in Serviettentechnik (Anleitung auf Seite 72) aufgebracht. Als besonderen Clou haben wir die Vogelbeine aus einer rot-weißen Kordel, die durch das Leinen gezogen und an den Enden verknotet wird, nachgemacht.

Zauberhaftes Menü

Ein besonderes Fest ist oft der Anlass für ausgefallene Tischdekorationen. Menü- und Tischkarten sind hier passend abgestimmt auf das Porzellan und signalisieren mit ihren liebevollen Details, dass jeder Gast herzlich willkommen ist. Zudem ist eine gelungene Tischdekoration oft der Einstieg für fröhliche Gespräche bei Tisch.

Menükarte

Diese Menükarte überrascht Ihre Gäste nicht nur mit feinen Köstlichkeiten im Innenteil, sondern sie besticht auch durch ihre Dekoration und Gestaltung. Sie wird aus Prägekarton geschnitten und mit einem Schmuckwebband versehen, das jeweils an den Innenseiten festgeklebt und zur Schleife gebunden wird. Ein Bündel getrockneter oder künstlicher Lavendel wird mit Heißkleber fixiert.

Tischkarten

Schneiden Sie Motive Ihrer Wahl aus dem Geschenkpapier „Lavendel" aus und kleben Sie sie auf die einzelnen Tischkarten. Sie können auch die Kopiervorlagen von Seite 98/99 verwenden. Die handgeschriebenen Namensschilder werden laut Abbildung aufgeklebt. Die kleinen Schilder werden in die Spirale des Drahtornaments geschoben. Um den Karten einen sicheren Stand zu geben, formen Sie den unteren Teil des Ornaments mit der Drahtzange ebenfalls zu einer Spirale.

Kleine Botschaften

Herz-Türhänger

Dieses zauberhaft dekorierte Zinkherz lädt dazu ein, Sie in Ihrem Garten zu besuchen! In das Geflecht werden ein paar frische oder künstliche Zweige gesteckt und ein Lavendelkränzchen wird mit einer zarten Schleife angebunden. Das „Lavendelkind mit Tasche“ wird mit Heißkleber aufgeklebt. Ein ca. 2 cm breiter Streifen aus Tonpapier wird zugeschnitten und liebevoll an den Enden mit zwei Herzen verziert. Der gestaltete Papierstreifen wird von innen mit Heißkleber an das Herz geklebt.

Herzen sind Botschafter der Liebe. Wir alle freuen uns über herzliche Grüße und kleine Nachrichten, besonders wenn sie so liebevoll dekoriert überbracht werden.

Mein Herzenswunsch

Er zwickt und zwackt
Er regt sich und bewegt sich
Er treibt voran und hält zurück
Er läßt klar sehen und geschehen
Er gibt mir Hoffnung und Mut
Er ist mein höchst geheimes Gut
Nur manchmal
Ganz leise
Spitze ich die Lippen und spreche ihn aus
Lausche seiner sanft tollkühnen Melodie
Schließe die Augen
Und lege ihn zurück
In mein Herz

Judith Menze

Sanftes Licht

Zwei quadratische Faltkarten mit Herzmotiv werden hier zu einem Windlicht umfunktioniert. Die Grußkarten werden von innen mit Tesafilm zusammengeklebt. Das Herzinnere schneiden Sie heraus und kleben Pergamentpapier, ebenfalls von innen, auf die Karte. Die beiden Stoßkanten werden mit Tesafilm zusammengehalten. Den unteren Rand verzieren Sie mit dem Schmuckwebband „Lavendelranke".

Herzen

Lavendelherz

Als Fensterschmuck, Wandschmuck oder Kleinod für so manchen Platz eignet sich dieses kunstvoll dekorierte Metallherz. Ziehen Sie durch die Öse das Schmuckwebband „Lavendelranke" und bekleben Sie das Herz mit Lavendel und Organza.

Lavendelvogelherz

Eine ebenso hübsche Möglichkeit, ein Metallherz zu schmücken, ist die Anwendung von Serviettentechnik. Schneiden Sie den Vogel aus der Serviette aus und folgen Sie der Anleitung auf Seite 72. Setzen Sie laut Abbildung mit Heißkleber ein paar Lavendelzweige und eine Kordel in die richtige Position. Aufgehängt wird das Herz mit zartem Organzaband.

Schönes aus Papier

Ein Herz für Servietten

Einen passenden Serviettenring stellen Sie aus einer Grußkarte mit Herzmotiv her, indem Sie die Herzform und das Herzinnere herausschneiden.

Ehrenplatz

Mit dem Schmuckwebband „Lavendelranke“ binden Sie ein paar getrocknete oder künstliche Lavendelzweige zusammen und machen im Handumdrehen aus einem Essplatz einen Ehrenplatz für ein Geburtstagskind oder den Partner.

In luftiger Höhe

Herz mit Lavendel

Zart und luftig hängt dieses Herz vor dem Fenster oder an einem Möbelknopf. Ein kleiner Tropfen Heißkleber auf der linken und rechten Seite des Herzens hält das zarte Band fest. Die Enden werden zur Schleife gebunden. Durch die Öse ziehen Sie ein Organzaband, und fertig ist das schwebende Herz.

Herzensangelegenheit

Dieses fein gestickte Herz besticht durch seine Zartheit. Das Besondere ist hier die Verwendung verschiedener Sticharten. Ganze und halbe Kreuzstiche, sowie Steppstiche, Plattstiche und feine Knötchenstiche machen dieses Herz zu einem ausgefallenen Stück.

Zarte Herzen

Ein hübscher Kranz an einer Tür weckt das Interesse eines jeden Besuchers. Dieser Kranz ist aus rustikalem Naturreisig gebunden, das einen schönen Kontrast zu der zarten Stickerei darstellt.

Einen Ast- oder Reisigkranz binden. Der Durchmesser des Kranzes beträgt ca. 30 cm. Eine Herzvorlage wird auf 12fädiges gebleichtes Leinen übertragen. Die Stickerei (Stickmuster auf Seite 84) passend platzieren, Herzform (Schablone auf Seite 84) einmal mit Stickerei und einmal ohne mit 1 cm Nahtzugabe ausschneiden, an der Linie zusammennähen und eine kleine Öffnung zum Wenden lassen. Die Nahtzugabe einschneiden und wenden. Das Herz mit Füllwatte ausfüllen und die Öffnung mit der Hand zunähen. Herzen auf dem Kranz mit etwas Steckdraht befestigen. Suchen Sie ein schönes Organzaband dazu aus, ist Ihr Kranz ein Blickfang an jeder Tür.

ich wünsche dir
einen ort
an dem du
dich wohl fühlst

eine heimat
ein zuhause
das dir ruhe
und schutz bietet

eine vertraute umgebung
in der du
ohne rollen und masken
du selbst sein kannst

ich wünsche dir
dass dieser ort
ein raum der freiheit ist
des wachstums und der entfaltung

ich wünsche dir
dass da menschen sind
die dich lieben
und dir halt geben

die nicht fragen
was du leistest oder hast
sondern einfach froh sind
dass du da bist

ja
diesen ort
und diese menschen
wünsche ich dir

Arndt H. Menze

ich wünsche dir
einen ort

Eine runde Sache

Patchworkkranz aus Papier

Dies ist ein Blätterkranz besonderer Art. Für einen Kranz mit dem Durchmesser von 25 cm benötigen Sie 27 Blätter. 17 Blätter sind aus dem Geschenkpapier „Lavendel" oder von der Kopiervorlage (Seite 98), zehn Blätter aus zwei unterschiedlichen blauen Papieren geschnitten. Eine Blattschablone finden Sie auf Seite 78. Ordnen Sie die Blätter im Wechsel auf einem ca. 2 cm breiten Ring aus Pappe an.

Tipp: Verstärken Sie die nicht transparenten Blätter von hinten mit Karton oder legen Sie die Blätter doppelt, damit der Kranz im Fenster auch von außen schön aussieht.

Schiff ahoi!

Mit dem Papier „Lavendel“ lassen sich nicht nur Geschenke kunstvoll einpacken. Mit der richtigen Falttechnik entstehen hier kleine Bötchen mit duftender und leuchtender Fracht! Diese Dekoration „kreuzt“ nicht nur über den gedeckten Tisch, sie liegt auch gerne auf einer Fensterbank „vor Anker“.

Falten Sie so viele Boote, wie Sie möchten. Sie finden eine Anleitung mit Zeichnung auf Seite 79. Wenn Sie die Boote fertig haben, binden Sie noch ein paar Lavendelzweige mit dem Schmuckwebband „Lavendelranke“ zusammen und legen die duftende Fracht in das Boot. Die Kerzen werden mit Heißkleber auf die Boote geklebt, damit sie einen festen Stand erhalten. Vorher wird die Spitze noch ein wenig eingeschnitten, damit der Kerzenhalter besseren Halt findet.

Wenn Sie eine ganze Flotte basteln möchten, ist es schön, mit einem Pinsel und Wasserfarben ergänzende Muster aufs Papier zu bringen. Streifen und Tupfen lassen den filigranen Malereien des Geschenkpapiers dezent und fröhlich den Vortritt.

Es duftet nach Lavendel

Der Duft von Lavendel betört die Sinne. Erinnerungen werden wach und wir beginnen zu träumen. Wir denken an romantische Gärten, Lavendelfelder oder einfach an den Sommer mit all seiner Pracht.

Duftende Lavendelsäckchen

Den Duft des Sommers holen Sie sich durch die mit Lavendelblüten gefüllten Duftsäckchen in Ihr Heim. Zwischen Wäsche und Handtüchern verbreiten sie ihren Wohlgeruch im Verborgenen, dekorativ auf der Kommode oder in einer Schale erfreuen sie auch das Auge des Betrachters. Aus Leinenband oder Baumwollstoff sind die Duftsäckchen schnell genäht. Mit einem hübschen Bändchen zugebunden, finden Sie dafür überall ein geeignetes Plätzchen!

Auch als duftender Gruß lässt sich das kleine Säckchen verschenken und erfreut so manche gute Freundin!

Badesalz mit Lavendelblüten

Mischen Sie 20 g von 70%igem Alkohol aus der Apotheke mit 2 Teelöffeln Lavendelöl und geben Sie die Mischung in 500 g Küchensalz. Einen Teelöffel Zimtpulver beifügen und das Gemisch eine Weile unbedeckt stehen lassen, damit der Alkohol verdunsten kann. Das fertige Salz nun in ein gut verschließbares Glas geben und noch hübsch dekorieren. Hier ist es mit einem selbst gemalten Anhänger versehen.

Lavendelöl

Kurz vor dem Zubettgehen sorgt dieses Öl für einen erholsamen und entspannten Schlaf. Füllen Sie ca. 200 ml neutrales Pflanzenöl in eine gut verschließbare, weithalsige Flasche und geben Sie 6 bis 8 Lavendelblütenzweige mit den Blütenrispen nach unten dazu. Die Flasche wird fest verschlossen und für drei Wochen auf eine sonnige Fensterbank gestellt. Täglich einmal leicht schütteln. Das Öl und die Blüten durch ein Baumwolltuch oder einen Filter abseihen und 20 bis 25 Tropfen ätherisches Lavendelöl dazugeben. Leicht umrühren, in kleine Fläschchen abfüllen und fest verschließen. Hübsch dekoriert, ist es ein schönes Geschenk!

Schnell gemacht!

Lavendelseife kaufen und zusammen mit Badesalz und Lavendelblüten in einer Herzschale arrangieren.

Zarte Pflege

Zehn Minuten reichen schon aus, um sich nach einem Bad wohl und entspannt zu fühlen. Bei einer gesunden Wassertemperatur zwischen 35 und 38 Grad Celsius kurz abtauchen in eine Oase der Ruhe. Danach am besten eine schöne Massage mit duftendem Öl. Zu schön, um wahr zu sein!

Liebes Tagebuch

In diesem schönen Notizbuch lassen sich sämtliche Gedanken notieren. Die schöne Lavendelschleife hält alles geheim… Anleitung Seite 76.

Feines Armband

Sie benötigen ein Stück Stoff in Lederoptik (20 x 3,5 cm). Kleben Sie die Spitzenborte von hinten gegen das Armband. Nähen Sie das Schmuckwebband mit der Zackenlitze auf das Armband und nähen Sie einen Armbandverschluss an die kurzen Seiten.

An der Wand

Die stilisierte Lavendelblüte ist der Hingucker dieser ausgefallenen Wandtasche. Filzkugeln und Tüll sind die Zutaten für dieses kleine Kunstwerk.

Gut verstaut

Briefe, Zeitungen, Kataloge und vieles mehr lassen sich in diesem Utensilo bestens aufbewahren. Wie wäre es mit Tüchern, Handschuhen und Schals? Je nach Größe kann diese Aufbewahrung zum dekorativen Raumwunder werden. Viel Spaß damit! Anleitung Seite 77.

Blütenduft zart umhüllt

Für dieses kleine Duftsäckchen schneiden Sie ein kleines Stück Organza in der Größe Ihrer Wahl zu einem Quadrat und füllen es mit Lavendelblüten. Schließen Sie das Säckchen ebenfalls mit einem Organzaband und binden Sie in die Schleife einen Lavendelzweig mit ein. Das kleine Lavendelkind gibt dem Duftsäckchen den besonderen Pfiff.

Mit diesen Grußkarten können Sie betörende Düfte verschicken. So eine liebevoll gestaltete Karte erfreut den Empfänger und sagt auch ohne große Worte: Du bist mir wichtig!

Duftende Karten

Von einer Grußkarte mit Herzmotiv das Herzinnere herausschneiden. Zwei Stücke Organza ca. 8 x 8 cm mit Sprühkleber bestäuben. Dazwischen Lavendelblüten verteilen und zusammenkleben. Dieses „Tütchen" an die Innenseite der Karte kleben. Für die Karte „Lavendelkranz" ein ca. 17 x 17 cm großes Stück weißes Organza vor den Ausschnitt der Karte kleben. Diese Fläche nun mit Sprühkleber bestäuben und getrocknete Lavendelblüten darüber streuen. Jetzt die Klappseite der Karte dagegenkleben und fertig ist die „Duftkarte".

Die Karten können auch als Rahmen für ein Foto oder einen besonderen Text dienen.

ich sehe
Dich

mitten in
meinem
Leben

mitten in meinem Leben

ich sehe Dich
in den lachenden Augen
meines Kindes

ich fühle Deine Nähe
in den Armen
des geliebten Menschen

ich höre Deine Stimme
im tröstenden Wort
eines guten Freundes

Du bist Liebe
und Du begegnest mir
als Liebe

ich spüre
dass Du da bist
mitten in meinem Leben

Arndt H. Menze

Kerzen-zauber

Kerzen nehmen zu jeder Jahreszeit einen besonderen Platz in unserem Zuhause ein. Auf einem festlich gedeckten Tisch, bei einem gemütlichen Beisammensein mit Freunden, bei einem schönen Gartenfest oder an einem entspannten Abend alleine, schaffen sie mit ihrem Schein eine stimmungsvolle Atmosphäre. Mit einer geschmackvollen Dekoration sind sie auch unangezündet einfach schön.

Wenn eine Tasse zum Kerzenhalter wird

Geben Sie etwas Steckmasse in eine Tasse und drücken Sie die Kerze hinein. Drumherum arrangieren Sie Lavendelzweige, die Sie mit den Enden in die Steckmasse drücken. Mit einer winzigen Stickerei oder einem Holzhänger setzen Sie bei Ihrer Dekoration einen besonderen Akzent.

Motivkerzen

Für die Motivkerzen schneiden Sie Ihre Wunschmotive aus einer Serviette fein säuberlich aus und platzieren sie nach Geschmack rundherum auf einer Stumpenkerze oder auf schlichten weißen Stabkerzen (Anleitung Serviettentechnik auf Seite 72). Legen Sie ein Kränzchen aus künstlichen oder getrockneten Lavendelzweigen um die Kerze und kleben Sie eine Schleife aus dem Schmuckwebband „Lavendelranke“ und Organza mit Heißkleber auf den Kranz.

Hübsch transparent

Das zart transparente Windlicht ist schnell gemacht und kann in fast jede Dekoration intergriert werden. Schneiden Sie hierfür aus weißem Lichterkettenpapier eine Manschette für ein gerades Glas aus und kleben Sie diese Stoß an Stoß mit etwas Tesafilm von innen zusammen. Mit Motiven von den Seiten 98 und 99 können Sie das Windlicht effektvoll bekleben.

Feines für Dich

Kleine feine Stiche werden zu entzückenden Bildchen. Als Gruppe zusammengestellt sind sie ein schönes Ensemble. Auch in Passepartout-Karten eingeklebt schmücken Sie die Grüße für die liebste Freundin.
Anleitung Seite 77.

Zartes Duo

Gestickte Bilder schaffen eine gemütliche Atmosphäre in unseren Räumen. Sie können als Einzelstücke oder in einem ganzen Arrangement zur Geltung kommen.

Mediterran und verspielt

Diese beiden Bilder sind harmonisch aufeinander abgestimmt. Die geometrische Anordnung des Bildes und die sich wiederholenden Elemente stehen zu einem schönen Kontrast mit den romantischen Motiven. Anleitung Seite 78.

Gewusst wie! Anleitungen

Serviettentechnik

Erstellen Sie mit Hilfe der Serviette „Lavender Birds" dekorative Gestaltungen. Grundsätzlich gilt, dass Sie nur mit der obersten, bedruckten Lage der Serviette arbeiten, die Sie vorsichtig von den anderen Lagen trennen. Sie benötigen zur Verarbeitung einen Pinsel und diverse Serviettentechnik-Kleber. Im Bastelgeschäft erhalten Sie verschiedene Sorten Kleber für die unterschiedlichen Materialien, mit denen Sie arbeiten. Achten Sie darauf, dass das Material, das Sie bearbeiten, trocken und fettfrei ist.

Um Ihren Tischläufer, Ihr Tischset oder Ihre Serviette zu bearbeiten, benötigen Sie einen speziellen Stoffkleber für Serviettentechnik. Dafür schneiden Sie das gewünschte Motiv aus der Serviette sorgfältig aus und tragen eine Schicht Serviettenkleber auf das Leinen oder den Stoff auf. Das ausgeschnittene Motiv legen Sie auf die Klebestelle und streichen es nochmals mit Kleber vorsichtig glatt, damit die hauchdünne Serviette nicht reißt. Ebenso verfahren Sie mit den anderen Materialien, wie zum Beispiel Holz oder Metall. Dazu benötigen Sie den „normalen" Serviettenkleber.

Die Windlichter auf Seite 9 werden nicht mit Kleber auf dem Untergrund fixiert. Hier wird die Serviette auf Vliesofix, eine Art doppelseitige, aufbügelbare Vlieseline, gebügelt, die Sie in Stoffgeschäften erhalten. Die oberste Schicht der Serviette wird mit der rechten Seite auf die raue Seite des Vliesofix gebügelt. Anschließend ziehen Sie das Papier ab, legen es auf Organza und bügeln es vorsichtig auf. Erst jetzt wird mit lösungsmittelhaltigem Kleber die Manschette nach Zurechtschneiden zusammengeklebt.

Kleine Stickschule

Überwiegend werden unsere Stickereien im Kreuzstich gearbeitet. In der Regel wird auf 12fädigem Leinen gestickt, hierbei ergeben 6 Kreuze einen Zentimeter. Auf 11fädigem Leinenband ergeben 5,5 Kreuze einen Zentimeter. Gestickt wird mit Baumwollgarn von Vaupel & Heilenbeck auf 11- und 12fädigem Leinen grundsätzlich einfädig. Arbeiten Sie mit Sticktwist, teilen Sie das Garn und sticken mit zwei Fäden. Die Sticknadel sollte zum Sticken keine Spitze haben, Sie zerstechen sonst zu leicht einen Gewebefaden.

Kreuzstich

Dieser Stich wird über zwei Gewebefäden gearbeitet. Er wird in hin- und hergehenden Reihen gestickt. In der Hinreihe werden die Grundstiche von links unten nach rechts oben über zwei Gewebefäden ausgeführt. In der Rückreihe werden die Deckstiche gesetzt. Sie werden von rechts unten nach links oben ausgeführt. Wird das Muster durch eine andere Farbe unterbrochen, wird der Zwischenraum durch einen längeren Schrägstich übergangen. Dieser sollte nicht länger als drei Kreuze sein.

1/2 Kreuzstich

Sie sticken zunächst diagonal über 2 Fäden nach rechts und 1 Faden nach oben. Anschließend wird darüber ein Stich in der anderen Diagonalrichtung ebenfalls über 2 Fäden in der Breite und nur 1 Faden in der Höhe gestickt. Ein farbiges Rechteck im Muster entspricht also 2 Gewebefäden in der Breite und einem in der Höhe. Sie können natürlich einen 1/2 Kreuzstich auch über 1 Faden in der Breite und 2 Fäden in der Höhe sticken. So erhalten Sie einen senkrechten 1/2 Kreuzstich.

Steppstich

Dieser Stich wird von rechts nach links gearbeitet. Dabei wird von unten durch das Leinen ausgestochen, die Nadel um die gewünschte Stichlänge nach rechts eingestochen und um die doppelte Stichlänge nach links zurückgestochen. Dann wird wieder in die letzte Ausstichstelle eingestochen und in doppelter Stichlänge die Nadel nach oben ausgestochen.

Der Knötchenstich

Dieser Stich liegt plastisch auf dem Stoff oder auf dem schon bestickten Leinen. Dafür stechen Sie von unten durch das Leinen nach oben aus. Halten Sie den Faden mit dem linken Daumen und Zeigefinger fest und winden Sie ihn zwei- bis dreimal um die Nadel. Diese Schlingen ziehen Sie ganz dicht an das Leinen und führen die Nadelspitze in ein Nachbarloch der Ausstichstelle zurück. Greifen Sie nun unter dem Leinen nach der Nadel und lassen Sie den Faden langsam durch die Finger gleiten. Der Faden zieht sich zu einem Knötchen zusammen.

Petit Point

Der Stich wird auf der Vorderseite über einen Gewebefaden gestickt. Die Nadel wird links unten, von unten nach oben durch das Leinen geführt und rechts oben wieder eingestochen. Von der Rückseite aus wird über zwei Gewebefäden wieder links unten eingestochen. Anders als beim Kreuzstich wird somit von rechts nach links gestickt. Da der Faden auf der Rückseite über zwei Gewebefäden geführt wird, ist die Stickarbeit auf der Rückseite dicker. Die Stickerei tritt optisch hervor. Der Petit Point kann auch in umgekehrter Richtung erfolgen, wobei die Nadel auf der Vorderseite über einen Faden unten links eingestochen und auf der Rückseite über zwei Fäden oben rechts wieder ausgestochen wird.

Wir verstehen unsere Farbangaben als Vorschlag. Sollten Sie eine Farbumstellung vornehmen, schauen Sie sich vor Beginn der Arbeit alle Farben erst zusammen an.

Kreuzstich

Halber Kreuzstich

Steppstich

Petit Point

Umgekehrter Petit Point

Knötchenstich

Kranzband „Willkommen" *(Seite 7)*

Größe Ø 50 cm
Größe der Stickerei 35 x 6 cm
Stickmuster Seite 80

Sie benötigen:

- 1,00 m Druck-Leinenband „Lavendelgirlande-blau"
- Stickgarn
- gebundener Kranz
- Metallring

Sticken Sie das Stickmuster auf das bedruckte Leinenband. Nähen Sie das Band so zusammen, dass es stramm um den Metallring liegt. Überstehende Ecken werden nach hinten geschlagen und von Hand festgenäht. Befestigen Sie den Metallring mit Draht an dem gebundenen Kranz.

Decke „Lavender Birds" *(Seite 11)*

Größe 80 x 80 cm
Größe der Stickerei 23 x 12 cm
Stickmuster Seite 82 und 83

Sie benötigen:

- Leinendecke 80 x 80 cm oder 100 x 100 cm Leinen, gebleicht, 12-fädig
- Stickgarn

Sticken Sie das Stickmuster von jeder Seite, mittig und 8 cm vom Rand entfernt auf die Leinendecke.
Tipp! Wird die Decke aus der Meterware gefertigt, nähen Sie erst die Decke fadengerade fertig und sticken Sie anschließend die Motive auf.

Manschetten für Glasgefäße *(Seite 12, 13)*

Sie benötigen:

- grauen Walk
- Schmuckwebband Lavendel, violett-hell
- Organzarüsche hellviolett
- Borte mit Schleifen
- graues elastisches Samtband

Kleben Sie den Motivteil des Schmuckwebbandes auf ein 3,5 x 5 cm großes Stück Walk und fixieren es mit einer Ziernaht. Kleben Sie 3 gleichlange elastische Samtbänder an der Rückseite fest. Kleben Sie 3 Motivteile des Schmuckwebbandes auf ein 26 x 5 cm großes Stück Walk und fixieren es mit einem Steppstich. Kleben Sie die Borte mit Schleifen auf die untere Kante der Rechtecke. Kleben Sie 3 gleichlange elastische Samtbänder von innen an der Rückseite fest. Kleben Sie den Motivteil des Schmuckwebbandes auf ein wellenförmiges Stück Walk und fixieren Sie es mit einem Steppstich. Kleben Sie die Borte mit Schleifen an die untere Kante des Rechtecks und das Organzarüschenband von innen an die obere Kante. Ein elastisches Samtband wird an der Rückseite festgeklebt.

Manschetten für Zinktöpfe *(Seite 17)*

Größe Ø 13 cm und 20 cm

Sie benötigen:

- grauen und beigefarbenen Walk
- karierte Rüschenbänder
- Zackenlitzen
- Organzarüschenbänder
- Schmuckwebbänder
- elastische weiße Spitze
- Gefäße für die Sie die Manschetten nähen wollen

Messen Sie den Umfang des Gefäßes und addieren Sie 2 cm. Schneiden Sie den Walk mit der errechneten Breite und der passenden Höhe zu. Kleben und nähen Sie die elastische Spitze, die Zackenlitze und das Schmuckwebband mittig der Länge nach auf den Zuschnitt. Hinter die obere Kante kleben Sie das Organzarüschenband. Legen Sie nun die kurzen Seiten rechts auf rechts und nähen Sie sie füßchenbreit zusammen. Ziehen Sie die Manschette über das Gefäß und dekorieren Sie es der Jahreszeit entsprechend. Für die beigefarbene Manschette verfahren Sie nach gleichem Schema, nähen Sie jedoch erst die Rüschenbänder oben und unten fest bevor Sie die Manschette zusammen nähen.

Bild Lavendel *(Seite 19)*

Größe der Stickerei 17 x 11,5 cm
Stickmuster Seite 85

Sie benötigen:

- 30 x 40 cm Stickleinen, gebleicht, 12fädig
- eine Sticknadel und die angegebenen Garne
- Einen Rahmen mit Ausschnittgröße 22,5 x 17 cm

Die Stickerei wird mittig auf das Leinen platziert. Bevor das Bild gerahmt wird, muss die Stickerei von links schön glattgebügelt werden und sauber sein. Hilfreich ist ein einseitig klebender Karton, auf den das Leinen dann fadengerade aufgezogen werden kann. Eine weitere Möglichkeit ist es, die gut gebügelte Stickerei mit einem Stück Volumenvlies in der Größe der Rahmenrückwand zu hinterlegen. Hierfür wird das Leinen ebenfalls auf die Größe der Rahmenrückwand zugeschnitten.

Gardine „Mädchen in Sommerlaune"

(Seite 24)

Größe 120 x 20 cm
Stickmuster Seite 86

Sie benötigen:

- 1,26 m Druck-Leinenband „Sommermädchen-weiß" (4 Rapporte), 16 cm breit
- 1,26 m Leinenband, gebleicht, 20 cm breit
- 2,00 m Leinenband, gebleicht, 1,5 cm breit
- 2,00 m Leinenband, ungebleicht, 1,5 cm breit
- Stickgarn

Sticken Sie die Stickmuster laut Foto auf das bedruckte Leinenband. Säumen Sie die Schnittkanten des bestickten und gebleichten Leinebandes 2,5 cm breit. Schneiden Sie die dünnen Leinenbänder in 25 cm lange Stücke und säumen Sie ein Ende. Legen Sie das Band mit der Stickerei auf das gebleichte Leinenband, die schmalen Bänder werden (immer ein helles und ein dunkles) im Abstand von 16,5 cm zwischen die Bänder gelegt. Fixieren Sie die Bänder ggf. mit Stecknadeln und nähen Sie alles zusammen fest.

Läufer „Mädchen in Sommerlaune"

(Seite 25)

Größe 115 x 16 cm
Stickmuster Seite 86

Sie benötigen:

- 1,26 m Druck-Leinenband „Sommermädchen-weiß" (4 Rapporte), 16 cm breit
- Stickgarn

Sticken Sie die Stickmuster laut Foto auf das bedruckte Leinenband. Säumen Sie die Schnittkanten 2,5 cm breit.

Handytäschchen *(Seite 34)*

Größe 7,5 x 12 cm

Sie benötigen:

- grauen und beigefarbenen Walk
- lila-weiß kariertes Rüschenband
- Schmuckwebband Mein Engel grau
- Schmuckwebband Lavendel natur-dunkel
- elastische weiße Spitze
- Organzarüsche
- etwas Plissee-Tüll

Messen Sie ihr Handy aus und schneiden Sie den Walk inklusive Nahtzugabe zu. Messen Sie die Größe des Displays und schneiden Sie den Ausschnitt in den Walk-Zuschnitt. Kleben Sie erst die Zackenlitze und dann den Plissee-Tüll hinter den Ausschnitt und steppen Sie den Ausschnitt 2 mm breit ab. Nähen Sie unter dem Ausschnitt etwas Schmuckwebband auf den Walk, schlagen Sie dabei die Enden nach hinten um. Kleben Sie das Rüschenband oben an die Abschlusskanten. Legen Sie den Zuschnitt aufeinander und nähen Sie die Seiten 5 mm breit ab.

Messen Sie ihr Handy aus und schneiden Sie den Walk inklusive Nahtzugabe zu. Kleben Sie das Organzarüschenband auf den Walk und nähen Sie darauf das Schmuckwebband, achten Sie auf den Richtungswechsel an der unteren Kante. Kleben Sie die elastische Spitze oben an die Abschlusskanten. Legen Sie den Zuschnitt aufeinander und nähen Sie die Seiten 5 mm breit ab.

Lavendelhäuser *(Seite 40)*

Stickmuster Seite 87
Schablonen Seite 100

Sie benötigen:
- 0,35 m Leinenband, gebleicht, 6 cm breit (Lavendelherzen)
- 0,25 m Leinenband, gebleicht, 6 cm breit (Lavendelkind)
- 0,25 m Schmuckwebband Lavendel, natur-dunkel
- 0,35 m Leinenband, gebleicht, 4 cm breit (Lavendelgirlande)
- Stickgarn

Sticken Sie die Stickmuster auf die passenden Bänder. Legen Sie die Bänder um die Holzhäuser und kleben Sie sie an der Rückseite fest.

Lavendel-Mustertuch *(Seite 41)*

Größe der Stickerei 43 x 20 cm
Stickmuster Seite 88 bis 90

Sie benötigen:
- 40 x 60 cm Leinen, gebleicht, 12 fädig
- Rahmen
- Stickgarn

Sticken Sie das Stickmuster mittig auf das Leinen und bügeln Sie es gut. Spannen Sie die Stickerei auf eine einseitig klebende Kaschierfolienpappe und rahmen Sie sie anschließend. Eine weitere Möglichkeit ist es, die gut gebügelte Stickerei mit einem Stück Volumenvlies in der Größe der Rahmenrückwand zu hinterlegen. Hierfür wird das Leinen ebenfalls auf die Größe der Rahmenrückwand zugeschnitten.

Bild „Lavendelherz“ *(Seite 52)*

Größe 50 x 40 cm
Größe der Stickerei 16 x 13 cm
Stickmuster Seite 91

Sie benötigen:
- 25 x 30 cm Leinen, gebleicht, 12-fädig
- Stickgarn
- Rahmen 50 x 40 cm, weiß

Sticken Sie das Stickmuster mittig auf das Leinen und bügeln Sie es gut. Spannen Sie die Stickerei auf eine einseitig klebende Kaschierfolienpappe und rahmen Sie sie anschließend.
Eine weitere Möglichkeit ist es, die gut gebügelte Stickerei mit einem Stück Volumenvlies in der Größe der Rahmenrückwand zu hinterlegen. Hierfür wird das Leinen ebenfalls auf die Größe der Rahmenrückwand zugeschnitten.

Zarte Herzen *(Seite 53)*

Stickmuster Seite 84
Schablone Seite 84

Sie benötigen für ein Herz:
- 10 x 10 cm Stickleinen, gebleicht, 12fädig
- eine Sticknadel und die angegebenen Garne

Die gewünschte Stickerei wird mittig auf dem Leinen platziert. Das Herz nähen sie wie auf Seite 53 beschrieben.

Buchhülle „Lavendel“ *(Seite 62)*

Größe 12,5 x 19 cm
Schablone Seite 78

Sie benötigen:
- 0,20 m beigefarbenen Stoff in Lederoptik
- Schmuckwebband Lavendel, violett-hell
- 0,35 m hellbraun-weiß kariertes Rüschenband
- 0,35 m lilafarbene Zackenlitze
- Bedruckbarer Stoff Popeline

Messen Sie ihr Buch (Breite, Höhe und Buchrückenbreite). Folgende Formel kann für jedes Buch angewandt werden: 2x Breite + Buchrückenbreite + 1 cm Spielraum x die Höhe (z.B. 2x 12,5 cm + 1 cm + 1 cm x 19 = 27 x 19 cm.
Für die Laschen gilt Breite x 0,7 x Höhe (z.B. 12,5 cm x 0,7 x 19 cm = 8,75 x 19 cm
Legen Sie den Zuschnitt des Außenteils um das Buch, übertragen Sie die Schablone (auf Seite 78) mittig auf den Stoff und schneiden Sie das Oval aus. Drucken Sie das gewünschte Motiv auf den

bedruckbaren Stoff und verfahren Sie wie in der Anleitung des Stoffes beschrieben. Bügeln Sie etwas Schabrackenvlies hinter das Motiv und nähen Sie es hinter dem Oval fest. Kleben Sie die Zackenlitze und das Rüschenband an den Rand des Ovals und fixieren Sie es mit einer Naht. Legen Sie nun die Laschen-Zuschnitte links auf links an die kurzen Seiten des Außenteils, legen Sie Schmuckwebband zwischen die Lagen um die Buchhülle schließen zu können. Nähen Sie nun 2 mm neben der Kante die Lagen zusammen.

Wandtasche „Lavendel“ *(Seite 63)*

Größe 23 x 26 cm

Sie benötigen:
- 60 x 30 cm grauen Walk
- 60 x 30 cm hellen Stoff in Lederoptik
- 7 Filzkugeln (4 rosa, 3 hellblau)
- 0,65 m Schmuckwebband „Mein Engel“, grau
- 0,65 m elastische schwarze Spitze
- 0,65 m hellgraue Organzarüsche
- etwas Plissee-Tüll
- Ösen

Für diese ausgefallene Wandtasche benötigen Sie zwei Stoffzuschnitte (60 x 30 cm). Binden Sie sieben Filzkugeln in dem Stück Plissee-Tüll dicht aneinander ab (Blütendolde). Legen Sie den grauen Stoff aufeinander, platzieren Sie die Blütendolde laut Foto auf dem Stoff und zeichnen Sie unter der Blütendolde den Stängel mit Blatt auf den Stoff. Steppen Sie mehrmals mit weißem Garn an der gezeichneten Linie entlang. Legen Sie die Stoffzuschnitte jeweils rechts auf rechts und nähen Sie die Seiten zusammen. Nähen Sie die Ecken der Böden 6 cm breit ab. Schneiden Sie die Nahtzugabe in den Ecken zurück. Legen Sie anschließend das Innenteil bündig links auf links in das Außenteil. Kleben Sie die schwarze elastische Spitze zwischen die Stofflagen und fixieren Sie sie mit einem weiten Zickzackstich. Die graue Organzarüsche kleben Sie 0,5 cm unter der Kante auf das Außenteil, darauf kleben Sie das Schmuckwebband, welches Sie anschließend knappkantig aufnähen. Um die Tasche an der Wand befestigen zu können, schlagen Sie zwei kleine Ösen im Abstand von 22 cm oben in die Rückseite.

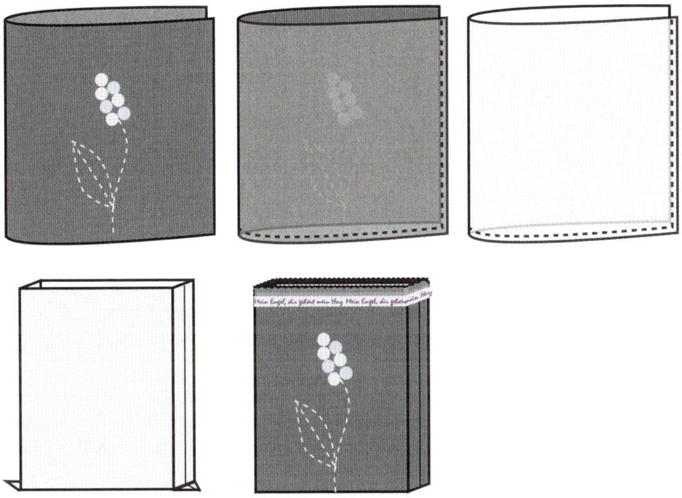

Bilder „Lavendelminis“ und Karte *(Seite 70)*

Größe max. 13 x 18 cm
Größe der Stickerei max. 8 x 8 cm
Stickmuster Seite 92 und 93

Sie benötigen für die Bilder:
- 80 x 20 cm Leinen, gebleicht, 12-fädig
- Stickgarn
- 4 weiße Rahmen

Sie benötigen für die Karte:
- 20 x 20 cm Leinen, gebleicht, 12-fädig
- Passepartout-Karte „Lavendelkranz“
- Stickgarn

Teilen Sie das Leinen in vier gleichgroße Stücke und sticken Sie die Stickmuster auf die Zuschnitte. Bügeln Sie sie anschließend gut. Spannen Sie die Stickereien auf einseitig klebende Kaschierfolienpappe und rahmen Sie sie anschließend. Eine weitere Möglichkeit ist es, die gut gebügelte Stickerei mit einem Stück Volumenvlies in der Größe der Rahmenrückwand zu hinterlegen. Hierfür wird das Leinen ebenfalls auf die Größe der Rahmenrückwand zugeschnitten. Für die Karte sticken Sie das Motiv mittig auf das Leinen und kleben es dann in die Passepartout-Karte ein.

Bild „Lavendel im Quadrat“ mit Herz und mit Tasche (Seite 71)

Größe jeweils 33 x 33 cm
Größe der Stickerei jeweils 20 x 20 cm
Stickmuster Seite 94/ 95 und 96/ 97

Sie benötigen:

- 2 Stück 40 x 40 cm Leinen, gebleicht, 12-fädig
- Stickgarn
- Rahmen, 33 x 33 cm

Sticken Sie die Stickmuster auf die Leinenstücke und bügeln Sie sie anschließend gut. Spannen Sie die Stickereien auf einseitig klebende Kaschierfolienpappe und rahmen Sie sie anschließend. Eine weitere Möglichkeit ist es, die gut gebügelte Stickerei mit einem Stück Volumenvlies in der Größe der Rahmenrückwand zu hinterlegen. Hierfür wird das Leinen ebenfalls auf die Größe der Rahmenrückwand zugeschnitten.

Patchworkkranz (Seite 56)

Sie benötigen:

- Geschenkpapier „Lavendel“ und andere farbige Papiere, Transparentpapier
- Stift zum Durchpausen
- Organzaband und Lavendelblüten

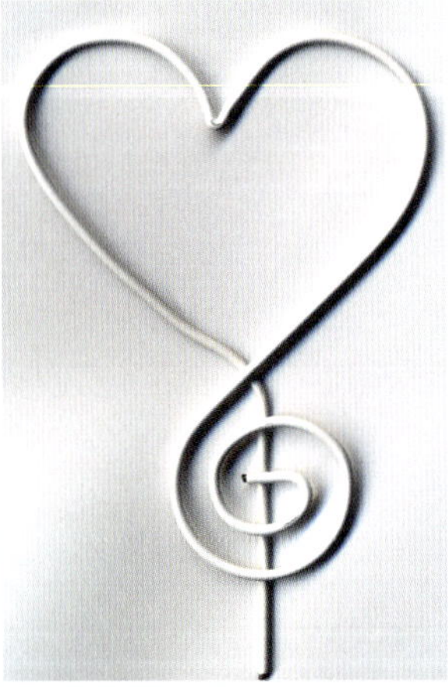

Herz-Biegevorlage (Seite 15)

Sie benötigen:

- weißen Draht
- Zange zum Biegen

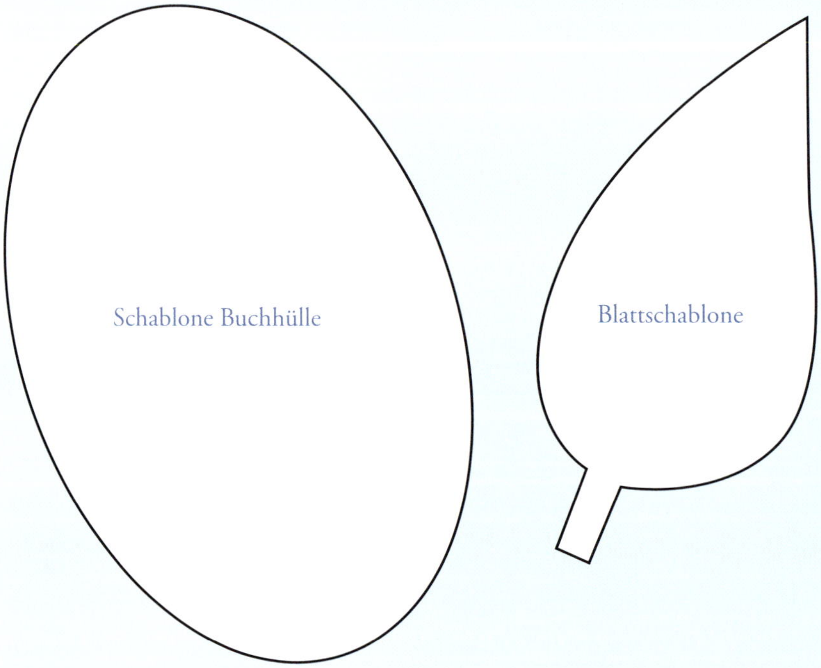

Schiff ahoi!

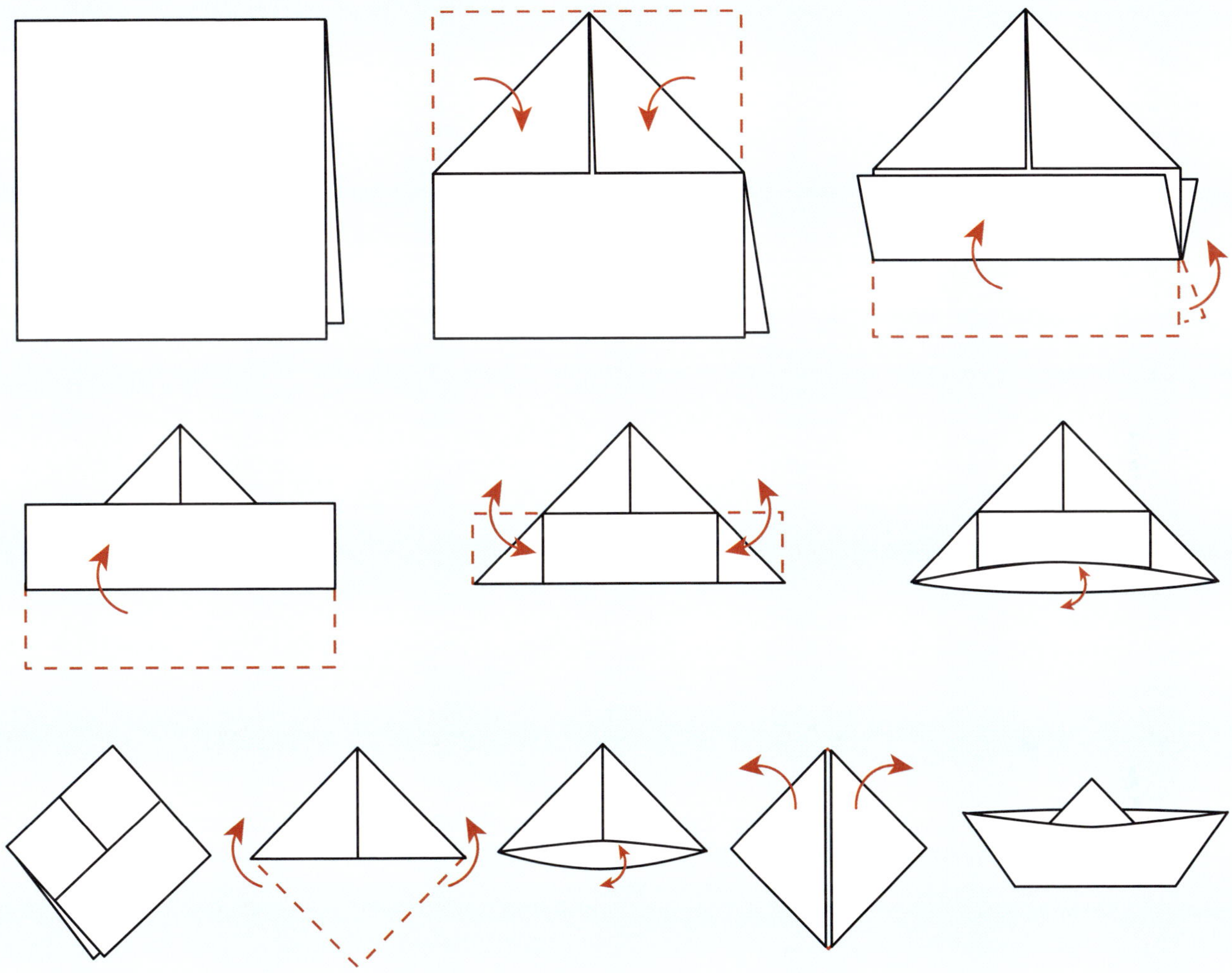

Papierschiffchen (Seite 57)

Schneiden Sie das Geschenkpapier in der Mitte durch und knicken Sie den geteilten Bogen so, dass die bedruckten Seiten nach außen zeigen. Schneiden Sie den so gefalteten Bogen auf ein Quadrat zurecht. Die Enden werden wieder mittig zusammengelegt und die überstehenden Enden umgeschlagen. Das Papier zur Tüte öffnen und quadratisch zusammenklappen. Die offenen Seiten so knicken, dass ein Dreieck entsteht. Dieses wieder öffnen und zum Quadrat legen. Nun die Seiten herausziehen und fertig ist das Boot!

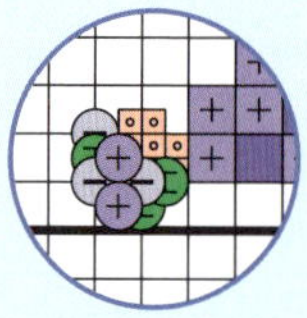

3956 3952 3964 3006

3958 3957 1009 3985

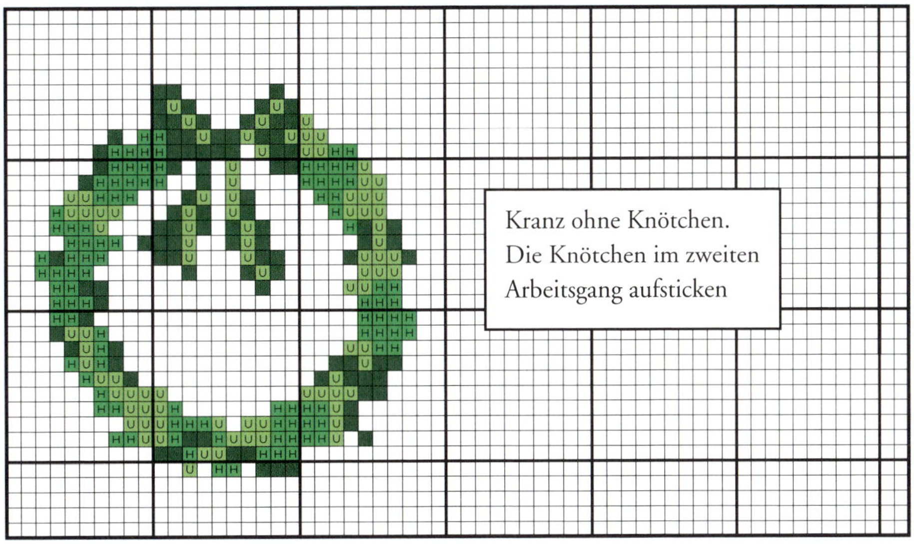

Kranz ohne Knötchen.
Die Knötchen im zweiten
Arbeitsgang aufsticken

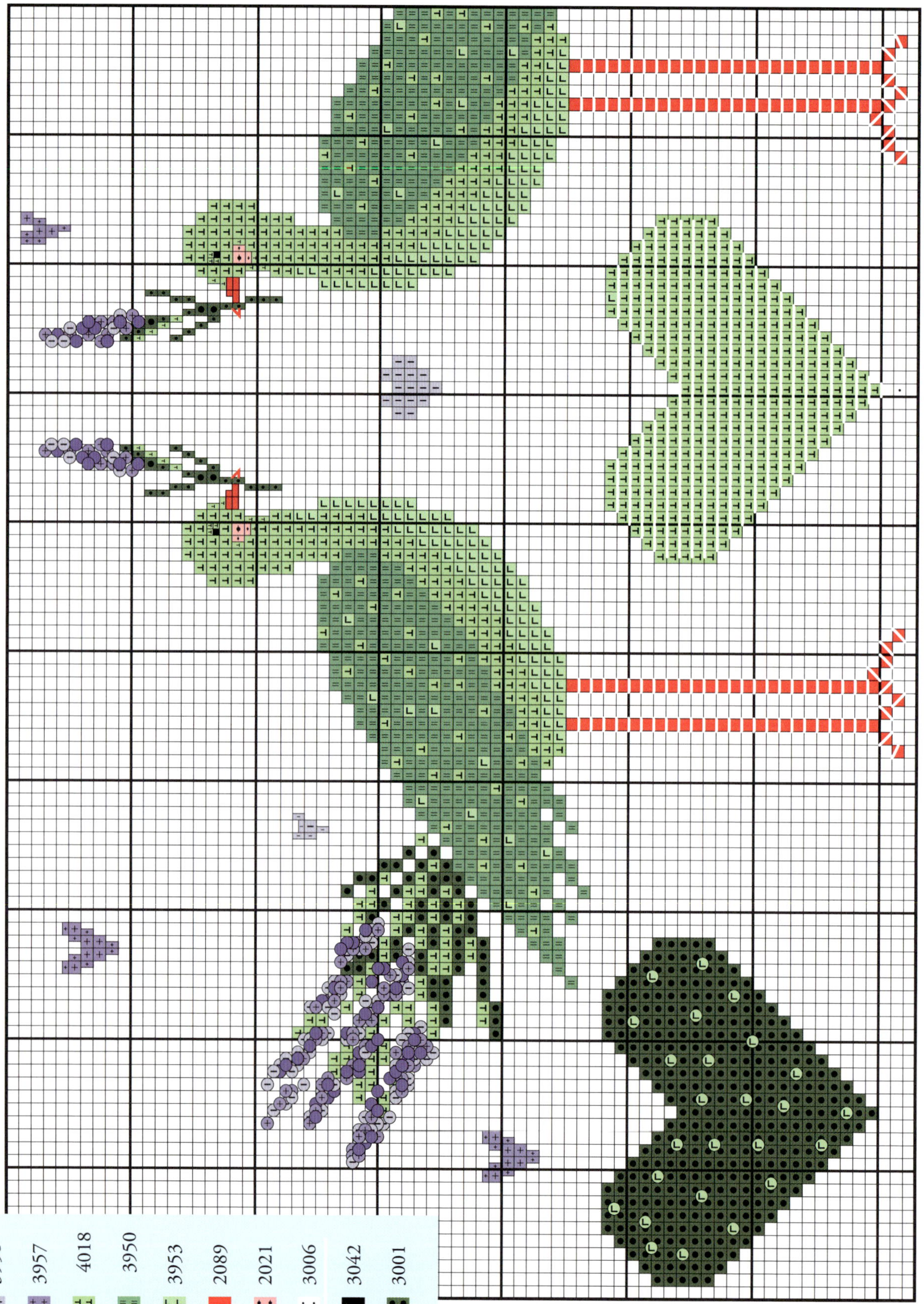

3956
3958
3957
4018
3950
3953
2089
2021
3006
3042
3001

Kleine Herzen *(Seite 14,17, 31 und 53)*

Sie benötigen für ein Herz:

- 10 x 10 cm Stickleinen, gebleicht, 12fädig
- eine Sticknadel und die angegebenen Garne

Die Stickerei wird mittig auf das Leinen platziert.

Lavendelbänder *(Seite 38)*

Sie benötigen für ein Lavendelband:

- 15 cm langes, 2 cm breites 11fädiges ungebleichtes Leinenband
- eine Sticknadel und die angegebenen Stickgarne

Die Stickerei platzieren Sie im unteren Drittel des Bandes.

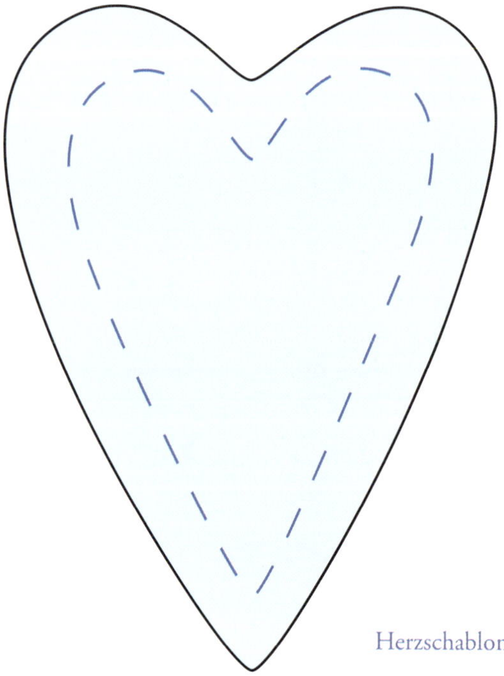

Herzschablone

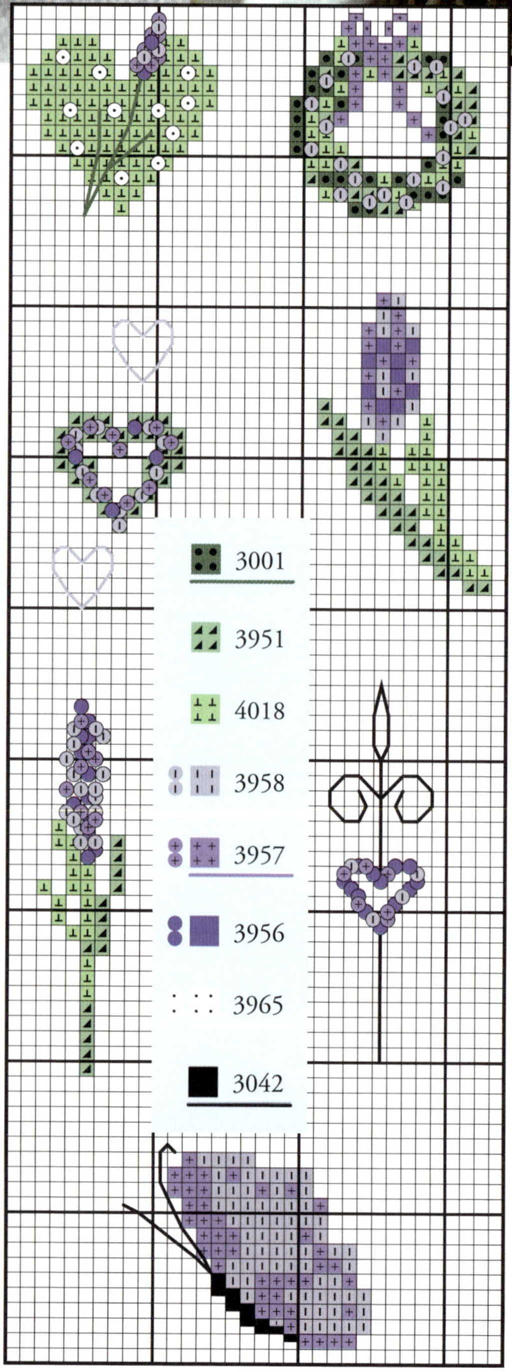

3001 | 4018 | 3951 | 3957
3958 | 3956 | 3965 | 3042

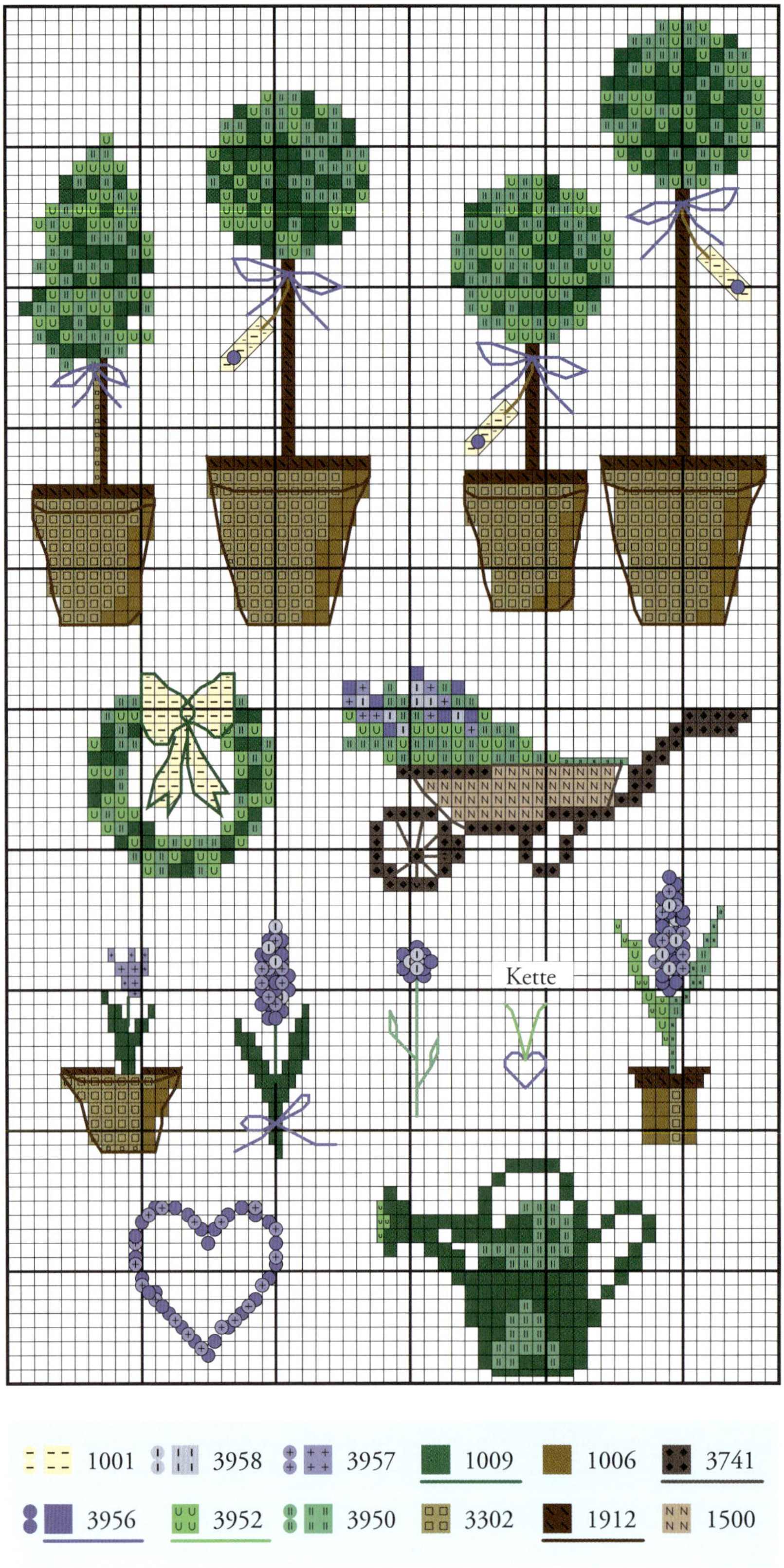
Kette
1001
3958
3957
1009
1006
3741
3956
3952
3950
3302
1912
1500

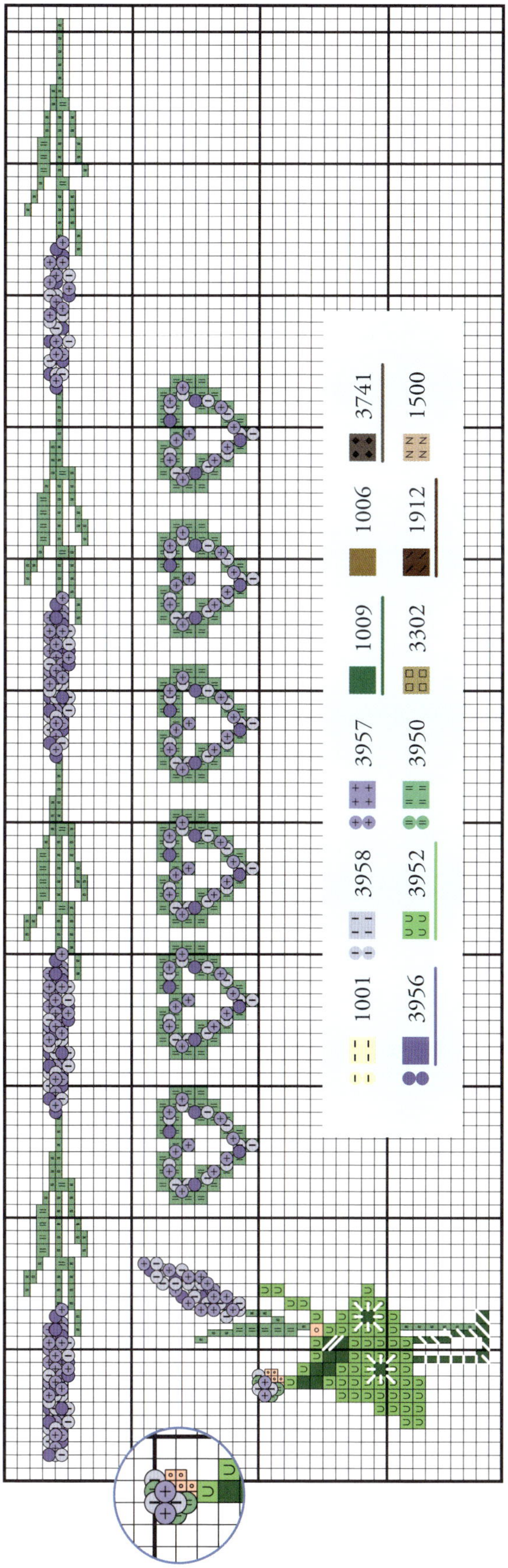
1001
3956
3958
3952
3957
3950
1009
3302
1006
1912
3741
1500

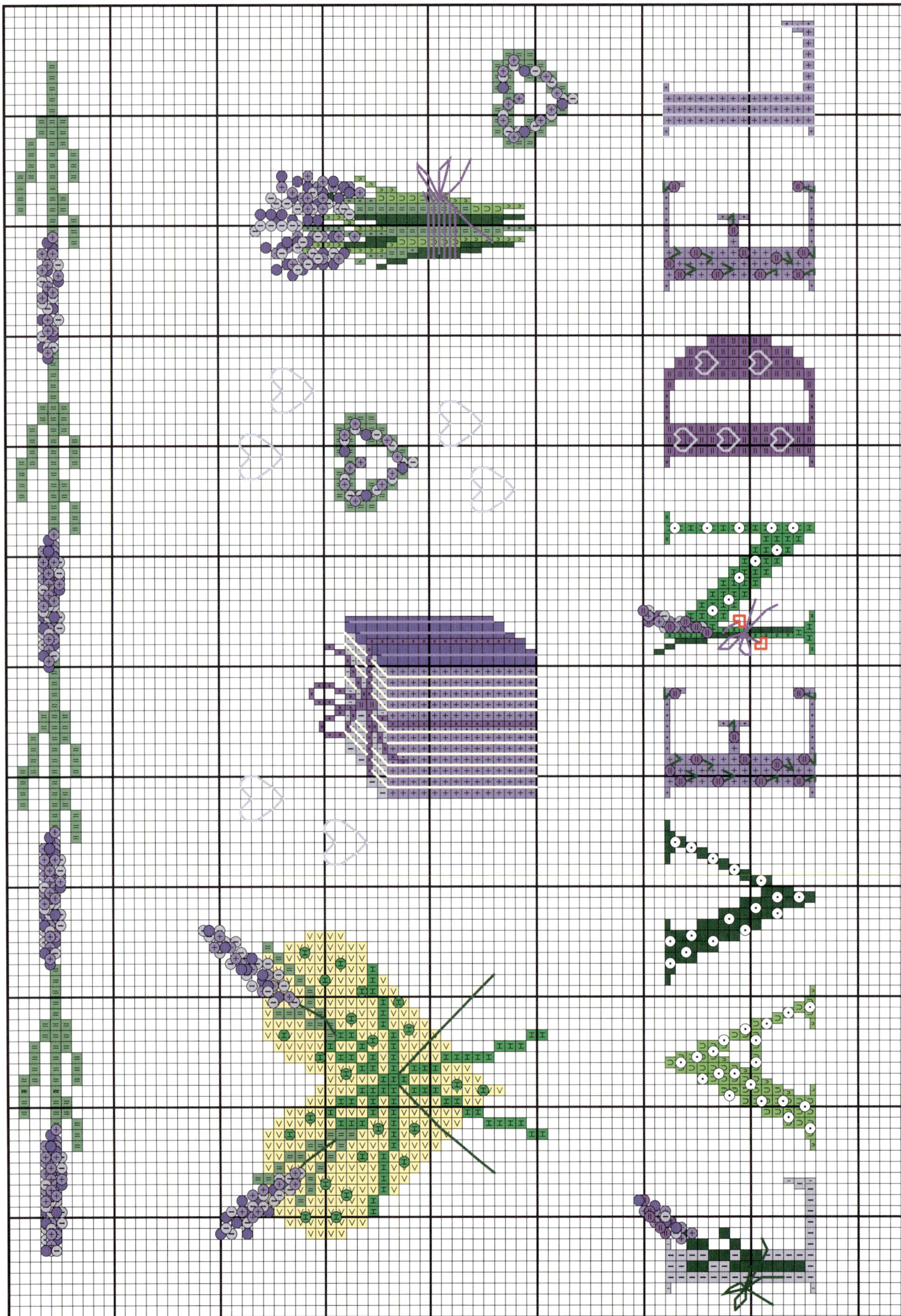

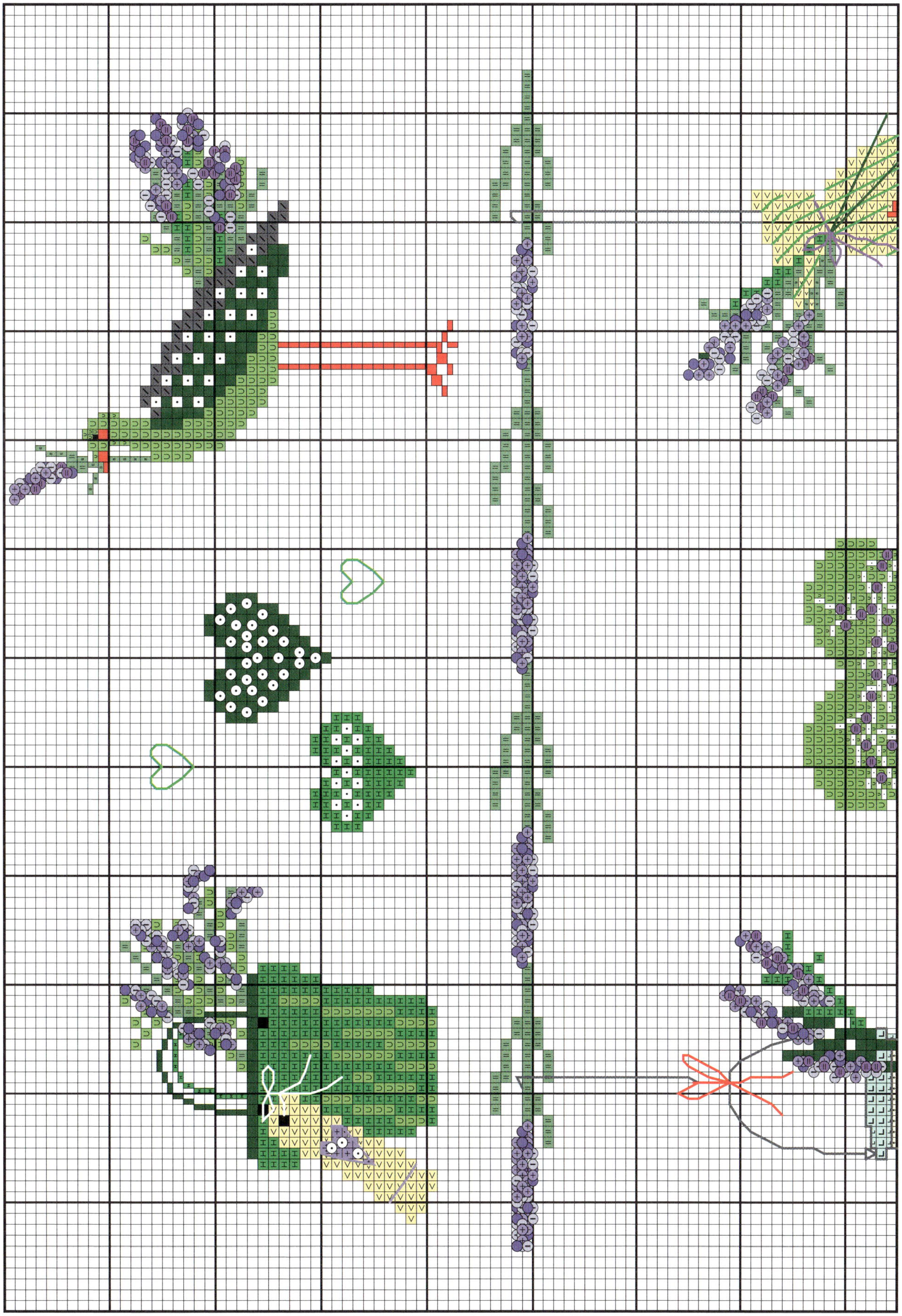

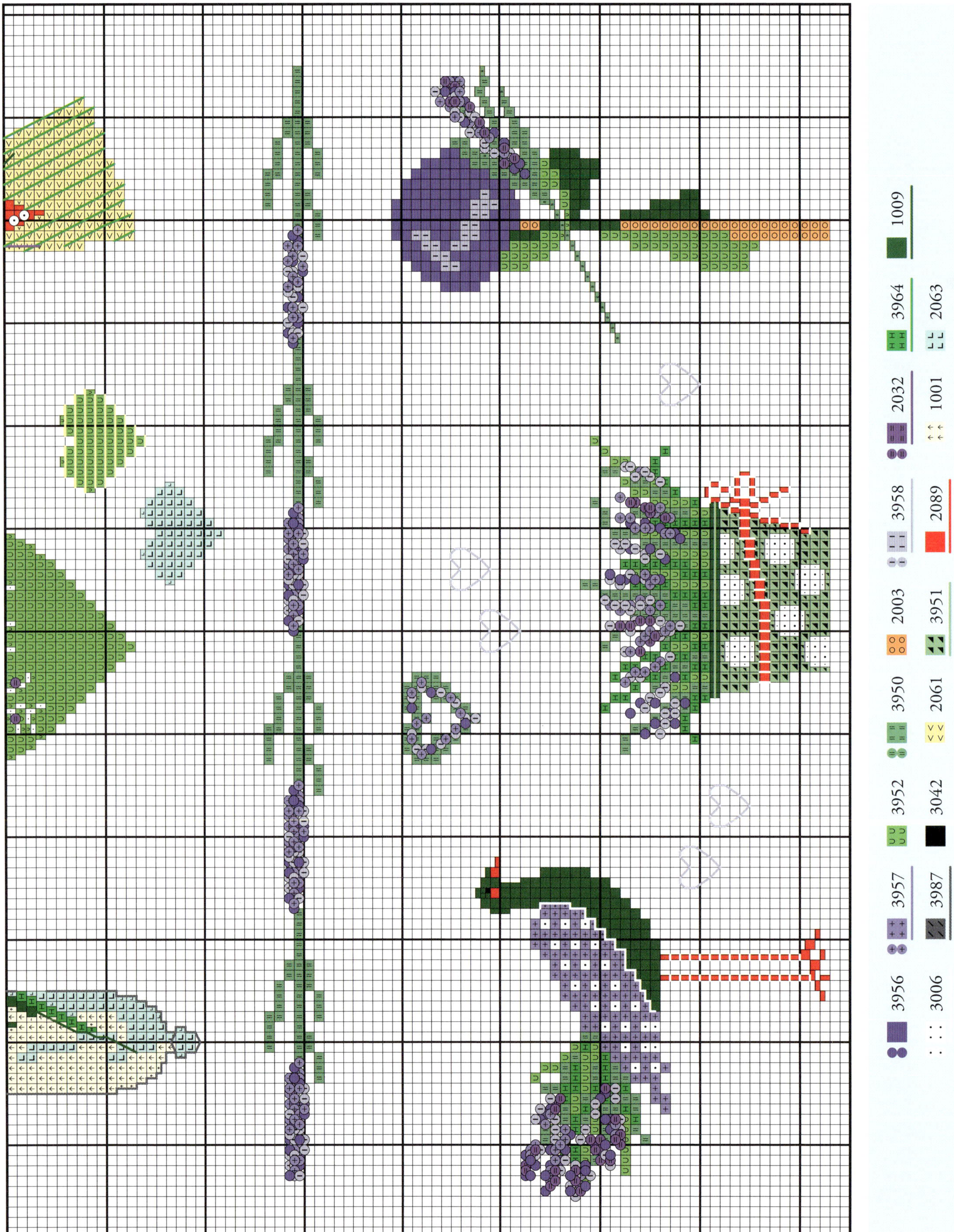
3956
3957
3952
3950
2003
3958
2032
3964
1009
3006
3987
3042
2061
3951
2089
1001
2063

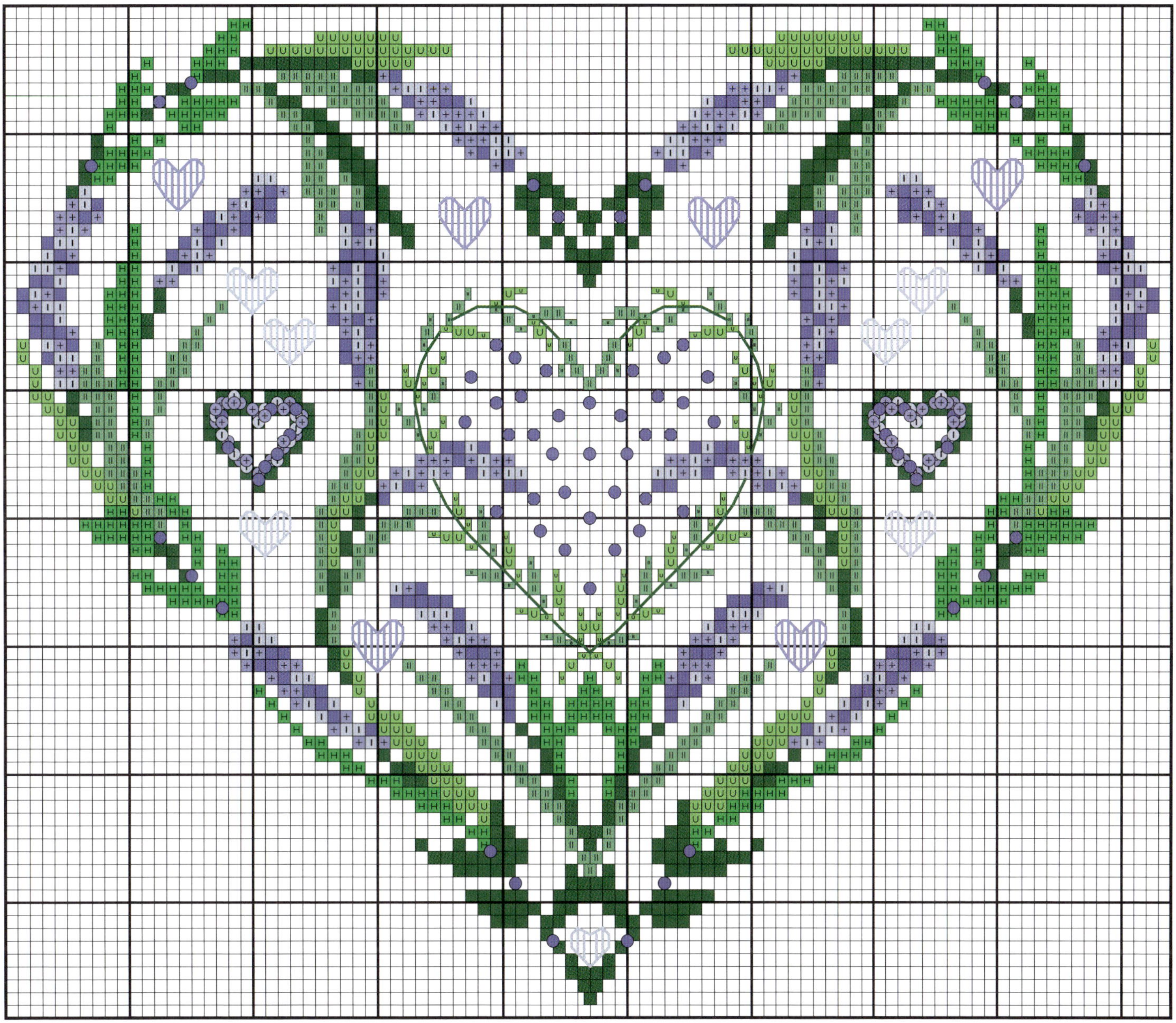

3956 | 3957 | 3950 | 3006 | 3958 | 3952 | 1009 | 3964

Die kleinen Herzen werden dicht mit Plattstich ausgefüllt.

3956	3958	3952	3957	3950	1009	3006	3985

3956

3958

3952

3957

3950

1009

3006

3985

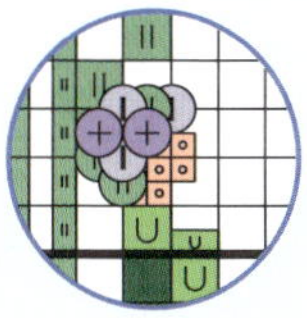

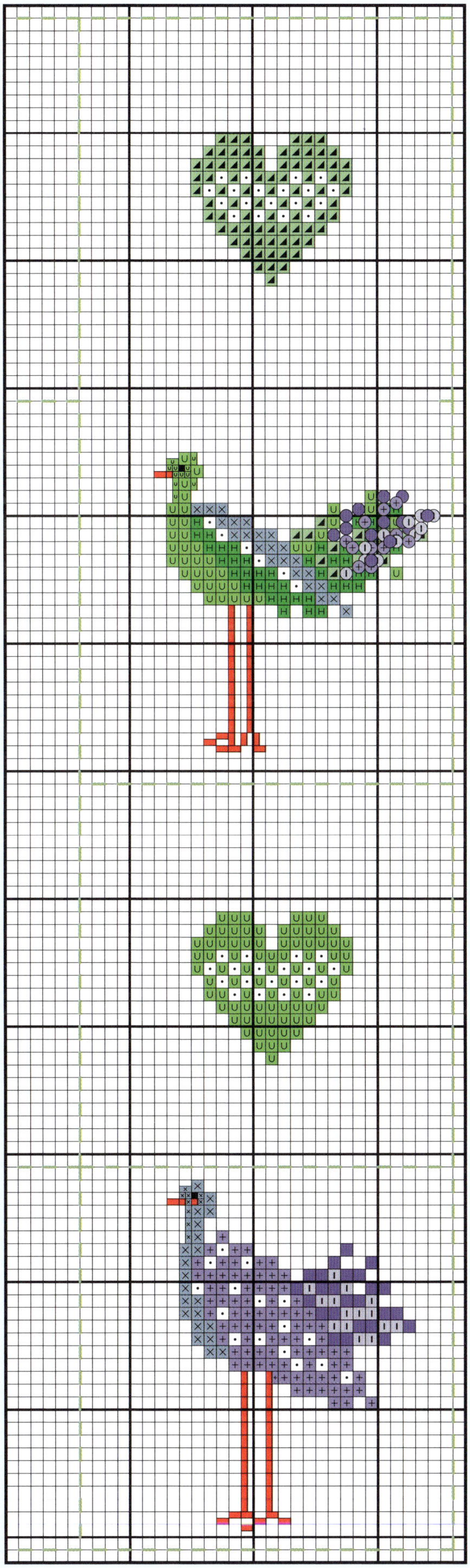

3958

3957

3956

2082

2089

2022

3964

3990

3951

3952

3006

3042

Steppstichumrandung mit doppeltem Faden 3990 sticken.

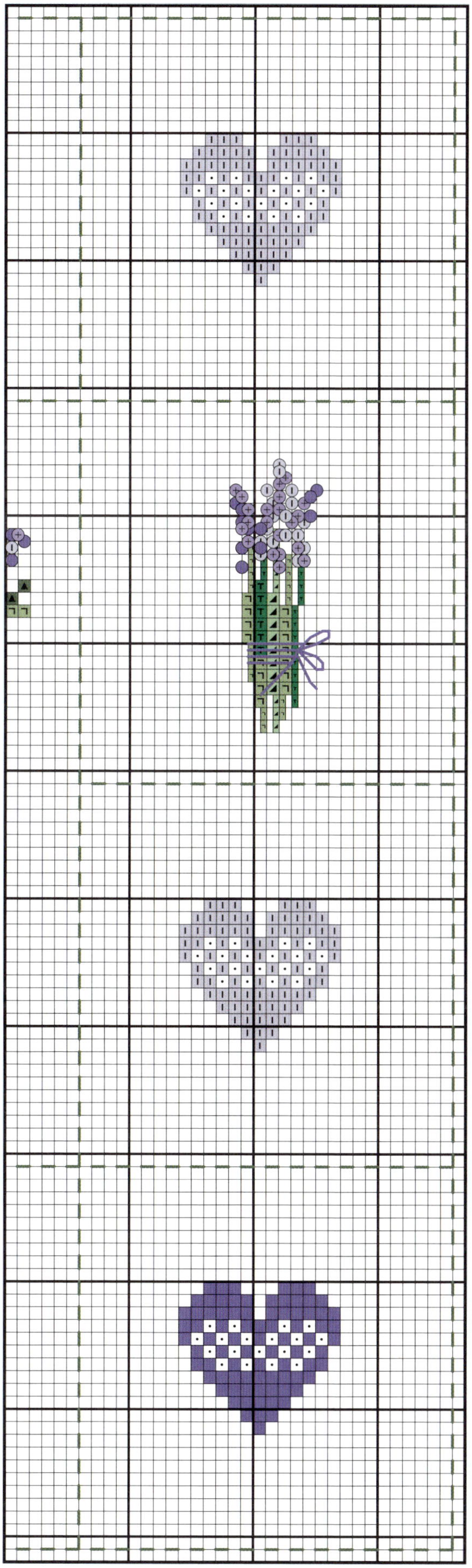

- 3958
- 3957
- 3956
- 2082
- 3991
- 3990
- 3951
- 3963
- 3964
- 3006
- 3042

Steppstichumrandung mit doppeltem Faden 3990 sticken.

LAVEN
DULA

Vaupel & Heilenbeck

Original Leinen- und Baumwollstickbänder in vielen Breiten und Mustern, dazu passend Quasten und Kordeln. Original deutsches Baumwollgarn in vielen schönen Farben, die ständig erweitert werden. Druck-Leinenbänder in vielen schönen Motiven und Farbvariationen.

Die im Buch vorgestellten Artikel erhalten Sie im gut sortierten Fachhandel oder direkt bei uns:

acufactum Ute Menze
Buchenstraße 11 • 58640 Iserlohn-Hennen
Tel.: 02304-5349 • Fax: 02304-5453
E-Mail: ute.menze@acufactum.de
Internet-Shop: www.acufactum.de